犯错即是成长

杜 娟 著

哈尔滨工程大学出版社

Harbin Engineering University Press

内容简介

本书主要介绍了孩子在幼儿阶段的教育问题。从家长、教师两个角色入手，从家庭、幼儿园两个环境出发，通过生活中的真实案例，对孩子心理发展、习惯养成，如何与孩子进行有效的沟通，以及如何对孩子进行正确的引导等问题进行分析、探讨。

本书可作为子女处于幼儿阶段的家长的兴趣读物，也可作为幼儿园教师及幼儿教育研究人员的参考用书。

图书在版编目（CIP）数据

犯错即是成长 / 杜娟著 . —哈尔滨：哈尔滨工程大学出版社，2024.4
ISBN 978-7-5661-4327-3

Ⅰ.①犯… Ⅱ.①杜… Ⅲ.①儿童教育－家庭教育
Ⅳ.① G782

中国国家版本馆 CIP 数据核字 (2024) 第 074933 号

犯错即是成长
FANCUO JISHI CHENGZHANG

选题策划	李雪峰
责任编辑	刘梦瑶
封面设计	李海波

出版发行	哈尔滨工程大学出版社
社　　址	哈尔滨市南岗区南通大街 145 号
邮政编码	150001
发行电话	0451-82519328
传　　真	0451-82519699
经　　销	新华书店
印　　刷	哈尔滨午阳印刷有限公司
开　　本	787 mm×1 092 mm　1/16
印　　张	10
字　　数	75 千字
版　　次	2024 年 4 月第 1 版
印　　次	2024 年 4 月第 1 次印刷
书　　号	ISBN 978-7-5661-4327-3
定　　价	49.80 元

http：//www.hrbeupress.com
E-mail：heupress@hrbeu.edu.cn

前　　言

　　孩子的成长只有一次，其在不同年龄阶段所受到的教育也只有一次，错过了就不能重来。如果错过了家长还有机会弥补吗？单方面弥补是可以，只是弥补的过程是非常困难和辛苦的，并且收效也是微乎其微，很难达到理想的效果。

　　如果孩子成长在一个家长无法很好地处理孩子的教育问题，不能及时发现孩子身上需要纠正的错误，或者虽然发现了，但是却束手无策，找不到合适的方法去处理的环境中，那么对孩子并无益处。孩子是有情绪的，他们会调皮、会不服管教。但家长们并不要将原因都归咎于孩子，大多情况下是家长的教育方法不恰当，而导致孩子产生很强烈的对抗情绪。长此以往孩子很容易产生"逆反心理"。当他们觉得自己已经长大，便会对令自己不舒服的感受、不喜欢的事物发表自己的意见或产生抵抗情绪（家长不要认为情绪波动是孩子的正常表现）。然而他们并不是故意与家长对抗，或是故意不听话，他们只是想把自己的意见表达出来并得到家长的认可。如果家长认真耐心地观察就会发现：孩子所有的外在情绪表现，其实是内在心理的折射，只是表现在行动上了而已。

3~6 岁是孩子人生中重要的阶段。在这一阶段，孩子性格鲜明，喜欢有意无意地表现自己，体现自我存在感，争取更多的话语权，所以只要家长和教师方法得当，及时、准确地纠正孩子的不良行为或不良习惯，会在教育、引导孩子成长方面取得事半功倍的效果。孩子的心理成长对其未来的人生走向至关重要，所以千万不要因疏忽而错过了孩子这一时期的教育。

"人之初，性本善。"孩子都是好孩子，是后天的习惯和环境的影响改变了他们的人生。在这个社会，不同的教育改变了许多的人，不同的环境也成就了不同的人。

教师以教书育人为职业，这是人类社会最古老的职业之一，教师不仅是科学文化知识的传授者，还是学生提升道德品质的引导者，铸就精神思想的启迪者。教师工作水平的高低和工作质量的优劣，直接关系到孩子的身心健康，关系到民族素质的提高、国家的兴衰，所以人们常说教师是太阳底下最光辉的职业，是人类灵魂的工程师。

那么作为教师和家长，在孩子平时的学习和生活中，该怎样对待孩子的任性、淘气，该怎样去分析、处理孩子的小顽皮和不听话呢？针对这些问题，我根据自己日常工作中积累的经验、对各种真实案例的观察和总结，完成了本书。本书虽然没有专业的学术论调和用语，却是我从实际工作中总结出来的一些实践经验和教育方法。如果您也非常关注孩子的成长教育，不想错过孩子人生中最佳的教育时期，那么本书也许会为您带来一些新的思考。

本书主要阐述的教育观点是，希望家长或幼儿园教师能正确地理解并重视幼儿教育，不要过多地依赖和使用教育"手段"，一味地参照着书本进行教育，而要不脱离生活背景进行教育。

教育离不开生活，并且依附于生活环境。只有在生活中实施教育，才能达到教育真正的目的。教育的方法有很多种，选择最适合孩子的一种教育，孩子才会自然茁壮地成长。

本书同时献给我的儿子。

扫描勒口处二维码，可与著者一道重温创作之旅。

由于著者水平有限，书中难免存在错误，请广大读者批评指正。

著者　杜娟

2024年1月

序

　　尊敬的读者、家长们，我是一名工作在教育领域的职业中学教师，也是一个男孩的母亲。在这个充满挑战和机遇的现代社会里，在多年的工作积累中，我深感作为家长、教师在育儿方面的责任有多么重大。作为家长，在养育孩子的过程中，需要不断地学习，以便更好地引导孩子成长。在这里，我向您推荐由具有丰富教育经验的幼儿园教师所写的《犯错即是成长》这本书。

　　《犯错即是成长》既是倡导家长和教师进行爱的教育的书，也是倡导家长和教师教育孩子从小养成良好行为习惯的书，更是一本倡导对孩子要尊重而不是溺爱的书。古人云："天下事有难易乎？为之，则难者亦易矣；不为，则易者亦难矣。"我们在开车上路前，需要学习、考试以获取驾照，而初为父母，我们更担负着重要的教育职责，所以家长们一定要提前做好功课，去理解孩子们的行为和认知。在孩子的教育方面，家长需要把握一个大的方向，希望这本书能帮助家长们学会思考。

　　本书从指导家长和教师了解孩子的心理与生理需求到引导孩子行为习惯的养成，不仅提供了丰富的理论知识，还提供了许多实用的建议和技巧，帮助家长在日常生活中能更好地应用这些知识。稻盛和夫先生讲过，他自己深深地受惠于小时候的教育，也就是家长告诉孩子什么是对的、什么是错的这样朴素的道理。美国教育部的一项调查发现，约有 60% 的家长表示，他们在教育自己的孩子方面感到缺乏准备。相信本书的出现能够帮助到有此需求的家长，为家长们提供一种全新的育儿视角，让他们了解到，育儿不仅是一种责任，更是一种可以享受的快乐。

总的来说，《犯错即是成长》是一本极具价值的育儿图书。无论您是刚刚成为父母，还是已经育有多个孩子并且经验丰富的家长，这本书都会对您有很实用的价值。我衷心希望每位家长都能从中受益，并享受到育儿的快乐。

最后，我要感谢杜娟老师，她为我的育儿之路提供了宝贵的指导和建议。我期待她能继续分享更多的育儿经验，提出更多宝贵的建议。

祝愿每位家长都能在育儿之路上越走越顺，越走越宽广。

任丽丽

目　　录

第一章　教育不能等

第一节　教育，需要有态度……………………………………　3

第二节　"散养"是个伪命题……………………………………　18

第三节　委屈需要倾诉……………………………………………　31

第二章　分享是爱的表现

第一节　分享是一个制造快乐的过程……………………………　45

第二节　不要用哄骗的方式教育孩子……………………………　54

第三章　长大和懂事不是一回事

第一节　教育是引导孩子向正确的方向改变……………………　65

第二节　人之初性本善……………………………………………　75

第三节　教育的环境很重要………………………………………　80

第四章　帮孩子在劳动中实现自我价值

第一节　教育离不开劳动…………………………………………　97

第二节　教育如同大海行舟，不进则退 …………………… 103

第五章　礼仪宣示价值观

第一节　孩子身上无小事 ………………………………… 111

第二节　家长开放日活动——侧记 ……………………… 115

第三节　范画的危害 ……………………………………… 118

第四节　孩子从小学习绘画的好处 ……………………… 122

第六章　新入园注意事项

第一节　入园初期注意事项 ……………………………… 127

第二节　挑食与情绪有关 ………………………………… 130

第三节　孩子入园之前养成如厕习惯 …………………… 134

后记 ………………………………………………………… 141

著者为书稿收集素材

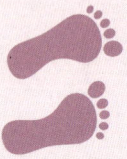

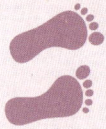

孩子的路在我们的脚下

第一章

教育不能等

第一节　教育，需要有态度

当孩子生病时，大多数家长都能及时发现，并对症治疗，将疾病对孩子的伤害降到最低。但孩子除了身体上的疾病，精神和思想上也一样容易患病，这却很容易被家长忽视。

孩子在 2~7 岁时的教育对其成长十分重要，但往往此时大多数的家长还很年轻，并缺乏或不懂育儿方面的知识，孩子的精神或思想发生变化的初期是很难被发现的，家长和教师如不能及时发现孩子的问题，并及时给予帮助或进行纠正，久而久之，孩子的不良行为便会形成习惯，而不良的习惯会对孩子未来的身心成长产生负面影响，有的影响甚至是后患无穷的。

教育是门很大的学问。

孩子在 2 岁的时候，会有天真可爱的小动作。过了 2 岁后，随着心智的发展，孩子的要求也会逐渐增多，而这时的家长如何面对是非常重要的，就如同面对孩子生病一样，家长应及时发现，并且采取应对措施，这个是关键。而教育孩子的过程中，家长首先要做的是分析孩子诉求的起因，换位思考，对于孩子合理的要求一定要及时、适当地给予足够的尊重和满足，对于不合理的要求则要尽量耐心制止。而不是心疼孩子年纪小，只要他们一哭一闹，便马上"投降"顺从了孩子的要求。这样虽然表面上看孩子和家长都高兴了，实则却对孩子未来成长埋下了很多隐患。在孩子有了第一次任性的"收获"后，类似情况便会越来越多，有的家长会想：孩子还小，一两次没关系，长大了就懂事了。但你是否想过，在孩子的懵懂阶段，不良行为是怎样养成的，不良思维又是如何产生的？这些不就是孩子在过往生活中的点滴之事和所经历事件的信息反馈形成的吗？既然孩子在溺爱的环境中养成了以自我为中心的思维方式，那么等他长大以后就会纠正吗？答案是否定的。所以家长对孩子提出的要求，是需要在相互尊重的前提下斟酌辨别的，具体情况具体分析，要适当"拒绝"，而不是百依百顺，同时让孩子懂得理解、学会接受拒绝，这才是真正爱孩子、对孩子负责。

跟孩子定规矩，要比跟孩子讲道理更实际、更有用。

我以前接触过一个3岁的孩子，刚入园时非常可爱乖萌，大家都很喜欢他，但由于大家的溺爱，他的不合理要求总是被满足，如进班级不按要求换室内鞋、不脱外套还哭闹等都被予以迁就了。如此没过多久，孩子身上的其他缺点也逐渐增多。所以，不论是家长还是教师，不要因为孩子小就迁就他，更不要因为孩子小，便想着可以等一等再讲道理。教育不能等，孩子在一天天地长大，今天过去了，就只有明天了。

今日复明日，明日何其多，我生待明日，万事成蹉跎。孩子需要在恰当的时机接受合适的引导和教育。

一、孩子从出生时便需要行为教育

如果教育孩子的时候没有方法，不知道怎么办了，那么我建议家长、教师只要去尊重他就可以了。

例如，某日在一群孩子游戏活动的时候，我看见几个孩子玩"过家家"的游戏，便上前笑着问："这是谁的家啊？"而他们三个回答竟是一模一样的——"我的家"，却没有人说这是"我们的家"。这样的对话虽然看似平平，可是却体现出孩子严峻且深刻的内在问题：

第一，合作；

第二，分享；

第三，爱；

第四，谦让；

第五，付出。

如果家长忽视了对孩子行为的教育，那么孩子在成长的过程中就会养成很多的不良行为习惯。这时需要家长对孩子进行顺势教育，并树立是非分明的教育原则。因为孩子的行为习惯不是一天、两天形成的，改变也不是短时间就能实现的，家长需要给孩子时间接受、消化、吸收。作为家长不要每天叮嘱、唠叨，提醒孩子这不对、那错了，而是要耐心地帮助孩子进行改变，在孩子的生活中扮演支持、鼓励的角色，帮助他规避错误。关心、爱护他，让他知道有人理解、支持他。当孩子犯错时，家长或教师可以帮助他分析原因，引导其克服自身的缺点，以后不犯或是少犯同样的错误。家长、教师的期待会让孩子下次做得更好，这就是顺势教育，即依照孩子的性格特点和心理发展规律进行教育。寓教于无意，改变于无形。

　　一棵树苗的生长过程就如同一个孩子的成长史，如果缺少顺势教育，那么非但改变不了缺点，还会使孩子产生逆反心理，因为在孩子的心中，家长、教师和同学便是他全部的认知，如果家长指责抱怨，教师疏忽不理，同学欺负、排挤，会让孩子觉得自己被"抛弃"了。如果孩子感到自己在家里得不到理解、没有依靠，在外面没有保护，便会逐渐缺少安全感，变得内向孤僻，严重的甚至产生心理疾病。而往往这时家长还不明白，为什么孩子变得郁郁寡欢，无法沟通？其实是孩子"病"了。

在幼儿教育中，有一些看似很小的事情，会被家长和教师忽略，但往往就是这些生活中的小事才是幼儿教育基础中的基础、重点中的重点，也是奠定幼儿教育的起点。

例如，现在有些孩子不会用心去听话，同样一件事需要家长或教师说几遍，不断重复，而他却好像没听见一样，这点反映出孩子平时不愿动脑，也不愿思考。如此便需要家长和教师采用不同的沟通方式去引导孩子理解说话的内容。如美国作家阿黛尔·法伯和伊莱恩·马兹丽施的书中赞赏孩子的方法：

（1）描述你所看见的：

"地板很干净，床很平整，书都整齐地摆放在书架上。"

（2）描述你的感受：

"走进这间屋子，感觉很舒服。"

（3）把孩子值得赞赏的行为总结成一个词：

"你把笔分了类，彩笔、钢笔都放在不同的盒子里，这叫作有条理。"

教育孩子要分环境、地点和场合。大多数年龄较小的孩子，都是每天除了吃饭、睡觉，便是在跑的活动中，基本一刻不闲地在活动，这时他们的体力是很好的，不知疲倦，但是仔细观察后你会发现，过于好动的孩子的情绪是烦躁的，他们坐不住凳子（除非自己很喜欢做的事），遇事缺乏耐心，也不会很听话。所以，想让孩子动静、快慢结合，可急可缓地进行一日的学习、游戏活动，其活动种类的安排是非常重要的。合理的活动安排会让孩子在形式丰富多样的活动中产生满满的幸福感，性格也会变得温和、不急不躁，更易于与他人沟通合作，即使犯了错误也更容易接受批评，听家长和教师的话。

那么应该让孩子怎么开心就怎么玩，怎么快乐就怎么为所欲为吗？虽然孩子开心，家长、教师也会省心不少，但如果让孩子没有约束地玩耍，是否就是对孩子正确的教育呢？答案是否定的，没有规矩不成方圆，没有明确的规则和条例就不能够形成一个完整的、有序的社会，只有在良好、有序的社会环境中，人们才会受到"规矩"的保护，而如果社会中的"规矩"被打破，那么社会秩序就很难被维护了，人们自然也不会受到社会的保护。

热爱自由是人类的天性，所以家长和教师要引导孩子学会尊重"规矩"，不能因为自己的"自由"便破坏这种"束缚"，因为个人认为无拘无束的自由活动，往往会影响他人不想被打扰的权利，无意中侵犯了他人，也就破坏了彼此的尊重。和谐就会被打破，所以社会需要用规则来约束，人们只有尊重规则，才能被规则尊重，也才能获得真正的自由。因此，孩子从小就要懂得规矩、遵守规则，学会在约束和规则下活动。孩子在活动的过程中有所顾忌时，便会对活动产生自己的想法，会有一点小的"压力"，而这些小"压力"对束缚人性中的惰性和孩子天性中的任性都是有帮助的。

有规则约束的人类社会才是美好的社会。

在孩子的成长过程中，只有习惯是很难忘掉的，因为习惯一旦养成就会变成潜意识的行为，会不自觉地去做。而家长和教师给孩子定规矩，要求他们遵守规矩，在不断遵守规则的过程中，规矩就会变成孩子的一种自觉行为。在这一过程中，孩子会养成好的行为习惯，而好的行为习惯将是成就孩子一生的资本，能使孩子受益无穷。既然好的行为习惯是人生主宰，人们就应该努力养成好习惯。习惯养成教育应该是在幼年时开始才是最合适的，这些习惯养成的过程人们称作教育，所以教育其实就是一种从幼年起就养成的习惯。

二、孩子一出生就是自己的主人

给孩子定规矩，鼓励他们执行，比对孩子讲道理更有用。

家长和教师在日常生活中，需要多鼓励孩子去独立地做事情，并且帮助孩子适应外部环境，在保证安全的情况下，为其提供资源，放手让孩子去选择、去尝试，而我们只需要尊重孩子做出的努力，并鼓励孩子继续坚持下去，这其实就是孩子所希望的。哪怕孩子很小，家里的成员们也不要忽略他们的存在。例如，家里有什么事情需要做决定的时候，如果你尊重他的存在，就应该试着去征询他的想法和意见，也许他的想法可能会很不成熟或是很好笑，但是这都不重要，重要的是让他感受到自己被尊重。在这样的家庭氛围和环境中，孩子会更听家长的话，更易于改正缺点，产生更强的自信心和自我约束能力。

　　人们生下便会哭，所以忧伤是一种低级的本能，而快乐是一种更高级的能力。快乐能够提高孩子的情商和智商，也可以认为拥有让自己快乐的性格对于孩子情商的培养特别重要。因为聪明的孩子大多数是"玩"出来的——孩子的性格好，可以吸引很多同龄的小朋友过来玩耍，这样孩子也会更有自信心和成就感。在这样良性的循环下，孩子会变得阳光、快乐、聪明。而孩子早期性格的形成，除了受外部环境的影响，更主要的是由内在行为习惯决定的。人在幼儿时期的行为习惯，往往暗示了长大后性格的雏形与缩影，这是有必然的因果联系的，所以幼儿时期对孩子行为习惯的养成教育非常重要。"行为决定性格，性格决定命运"是有一定道理的。

例如，孩子从小就被家长、教师要求在公共场合中不大声喧哗、吵闹，要注意说话礼仪，这样的孩子就会养成文明的说话习惯，性格也会变得温柔文静。因为人们在慢声细语的说话过程中，自身的行为动作也会放慢，这样便会有时间思考自己的行为。坚持一段时间后，简单的行为约束，不知不觉就会形成习惯，从而慢慢影响孩子自身的性格。反之，如果一个孩子从小生活在一个吵闹的环境中，周围成年人的行为都是简单、粗放地沟通交流，那么这个孩子也会如此进行表达、沟通，未来可能会成长为一个"粗"线条的人，性格上会急躁冲动，遇事缺乏自我控制能力，欠缺平和理智的思维能力，很容易被自己的情绪左右。所以，一个人从小的行为习惯，会决定其今后的性格，会影响他的人生走向。在恰当的时机对孩子进行管教是十分重要的事情，而不是在其性格成形后再让其进行改变。

当孩子犯错误时，家长和教师应明确地表达出自己的态度与立场，让孩子清楚地知道要为自己犯的错误受到惩罚，但是也可以让孩子做出选择，即采取其他方式弥补自己的错误，与此同时，家长和教师要让孩子看到你对他的期望和要求。家长和教师只要肯为孩子付出爱与关心，孩子的内心自然会被爱填满。

三、教育孩子的过程中，育比教更重要

孩子的成长过程中，家长和教师不能管得过多。

教育的目的在于让孩子从小养成好的行为习惯、具备优良的品德，是将孩子——受教育者培养成为社会需要的人，并让其明白作为一个人，对人类社会应承担的责任和应尽的义务。一个人的责任和义务就是教育的主要内容。教是学习，是培养、传授孩子生存和生活的特长技能；育是培养孩子内在的思维情感和品行。家长和教师在教育孩子时，不应以自己的主观判断为标准。对孩子的行为和语言进行评判和要求，更不应对孩子进行过度严格的行为管教和行动约束，这样做是不用心的。因为孩子在幼儿时期遇到问题时，会受到口语表达能力和逻辑思维的限制，他不具备对事情判断和处理的能力，只能用情绪来表达自己的想法或是需要。而这时孩子的情绪表现都是真实的情感表达，是孩子的内心感受，也是他们最脆弱的时刻。孩子不懂得伪装自己，所以家长和教师首先要去尊重孩子的情绪，重视这种情绪表现背后孩子的真实意图。如果孩子淘气了，要把事情的对错放在其次，首先要多听听孩子的想法和意愿，而不

是家长和教师通过自己的想象判断孩子怎么去做。不要认为孩子淘气，做了一些成人不希望孩子做的事情，孩子就是做错了，就去纠正，更不要不问缘由地批评埋怨，不给孩子解释的机会。

在日常生活中，有很多家长看到孩子安安静静，不打扰他人，没摔倒、受伤就感到满意了，至于孩子是什么情绪表现、高不高兴、心里在想什么……都不重要，因为他们认为这是个小孩子，能安静、好好地玩，不打扰他人就可以了，但是这样都是不对的。

有些家长十分溺爱孩子，即使孩子身上表现出了"小问题"，他们也都认为是正常的，他们认为毕竟孩子年龄小，都会淘气，等孩子长大就懂事了。他们即使发现了孩子有一些不好的行为习惯也不会及时纠正，只是无关痛痒地批评两句，或是干脆熟视无睹，任由孩子的"小毛病"一天天地滋长。久而久之，当这些家长发现，孩子不乖了、不听话了，便开始埋怨孩子，而孩子自己觉得很委屈。这就是原生家庭对孩子教育的疏忽和缺失，大多数家长忙于自己的工作，没有时间关心孩子，只是一味依赖学校教育，但却不曾意识到学校的教育永远替代不了家庭教育。这样家庭中的孩子长期处于委屈无助的痛苦之中，随着时间的推移，当孩子到了幼儿园毕业的时候，其性格就基本定型了。俗话说"三岁看大，七岁看老"，并不是危言耸听，每个孩子都像一张白纸，他们会被周围的环境和教育方法所改变。一个不被理解、被疏忽又缺乏关爱的成长环境，如何让一个孩子拥有健康的心理呢？孩子在自己也不知道的情况下改变自己，而家长也并不知道原委，却还在一味地埋怨孩子现在怎么变成这样了。而所有这些后果都要孩子自己承受。对于活泼好动的孩子来说，他们经常受到教师的批评和同学的嘲笑，回家还会受到父母的埋怨，这在无形中会令孩子感受到伤害，会渐渐地不快乐。即便如此，如果孩子在未来的成长中遇到懂得引导他的教师或是愿意帮助他的同学，他还是会渐渐发生改变。但是，幼儿时期的教育，一生只有一次，一旦错过便不能重来。

让孩子参与家务劳动、收拾玩具、整理床铺，以及在幼儿园做值日生工作，可以很好地培养他们的独立性。孩子起初做值日生或者义工时，都是有兴趣的，也特别喜欢去做，还会尽力去做好以表现自己。但是一段时间后，有的孩子会觉得辛苦、枯燥，表现出推脱或不想干，这种状态是正常的，也是人性中的正常表现。如果在劳动后期，孩子能够克服自身的惰性，坚持下去，那么对孩子的性格及各方面的培养都会有好的效果，这样的孩子在将来无论是学习方面还是生活方面都会表现得很优秀。因此，当孩子做家务或当值日生一段时间后，如果表现出不喜欢或不想再做的时候，家长和教师要鼓励他们学会坚持，坚持一段时期便会真正的喜欢了。

四、教育要有威严

有的家长和教师会存在在孩子面前普遍缺乏权威性的情况。这是因为他们在教育孩子的过程中，缺少胆识、威严、果断，更缺少智慧。这就是为什么有的孩子行为习惯差，家长和教师很难管教的主要原因。而就因为管不了，孩子便更缺少限制和规矩，从而导致自我管理混乱、约束性差，甚至是非观念缺失。

在生活中，我们身边会有一些从小就表现出讨人嫌、爱处处使坏的孩子，这是因为孩子年龄小，对外界环境好奇，如果这种情况发现及时并且改变还不算迟，在孩子还没有形成性格上的缺点之前予以教育，就会改变他。而如果持续忽略、纵容迁就他，他会形成习惯性思维，并且行动和思维会越发一致，逐渐形成性格和思想上的统一性，这就是一个不良行为习惯的养成过程。

行为习惯养成之初很多都是无意的，但是形成之后要想改变，就会很难。所以身为家长、教师要为孩子负责，让孩子从小就明白人的行为和生活空间是受约束并需要遵守规矩的，而这种自我约束的能力是需要在后天环境中进行的。行为习惯在孩子越小的时候越要反复纠正，并让孩子明白规矩是要去遵守的。家长、教师对孩子提出要求越早，孩子也越容易去遵守，因为孩子很希望得到家长、教师的肯定和表扬。孩子会为了得到表扬和关爱，很努力地去做好。反之，如果家长、教师放任孩子的行为，对孩子没有约束限制，时间久了，孩子已经形成了习惯，等到家长、教师再想约束孩子行为的时候，孩子会感到很为难，而且也做不到，这时就会耍脾气发泄不满。如果没有足够的方法和经验（这需要平时的知识经验积累和总结），就很难帮助孩子纠正缺点。所以，家长、教师要在孩子年幼时开始正确地教育，不要娇惯孩子，纵容他的不良行为，无条件满足孩子的一切要求，这其实不是爱，而是在害。因为在孩子小的时候，便让他所有的行为都不受约束，让孩子认为自己有特权，想做什么都可以，但突然有一天，又告诉孩子这也不行、那也不行，孩子会有抵触情绪，会感到很受伤，自然不会听从安排和指挥。在那时，孩子会想：为什么之前行，而现在不行？孩子会很不情愿地接受，有怨气和不满，严重的会更淘气、不听话，精神上也容易变得焦躁不安、缺失幸福感。这些负面情绪影响了孩子的心理健康，后续也很难纠正孩子的不良行为习惯。

大多数孩子喜欢吃糖，但是并不知道多吃糖的危害，所以就需要家长早早地制定规矩，要求孩子遵守规矩。甜食影响儿童的健康，食用过多会让胰岛素分泌不规律，造成内分泌紊乱，这些会导致孩子兴奋好动，并且会损伤牙齿，伤害肠胃，影响食欲。而大脑的发育离不开丰富的营养物质，如蛋白质和维生素，因为孩子吃甜食过多会没有食欲，从而使营养成分摄入不均衡进而影响大脑的发育。糖是热量很高的食物，不仅易造成肥胖，还会引起孩子缺钙。所以，从小便让孩子懂得吃糖过多的危害，并形成进食有度的习惯，与早期对孩子制定规矩并要求其认真遵守是密不可分的。

信仰是石，擦起星星之火；信仰是火，点亮希望之灯；信仰是灯，照亮夜行的路；信仰是路，引你走向黎明。

——佚名

从小培养孩子坚持认真做事的习惯很重要。

——杜娟

第二节 "散养"是个伪命题

　　我理解的"散养"是任由孩子自由成长，家长、教师不需要过多地约束孩子。但是其实这样"散养"方式是错误的，也是缺乏基本常识的。"不以六律，不能正五音""尧舜之道，不以仁政，不能平治天下""不以规矩，不能成方圆"。做任何事情都要有规矩，并且要懂规矩、守规矩。社会是人与人关系的集合，有了人类的活动才得以形成社会。每个人活动的动机和目的往往不同，如果没有一个规矩来约束、限制，任由个人各行其是，社会必然会陷入无秩序的混乱中，所以必须要有规矩来进行约束，这种规矩既有法律的制约，也有公民自觉遵守的社会公德和自我约束的文明诚信。有了自律和他律的结合，才能形成良好的社会风气，社会才会平和。

　　不论是成人还是幼儿，都应该受到规矩的约束。孩子在成长过程中受到约束，就会懂得守规矩。人们延续了约束，各自遵守各项规矩，便能实现和谐共存，让孩子在有一定约束和规矩的生活中健康、茁壮地成长，如同我们养的植物一样，在它们小的时候，必须要进行适当的修剪，小树需要修剪多余的旁枝斜杈，好让其主干有足够的阳光和养分向上生长，这样的小树经过风吹雨打若干年后方可成材。如果任由小树身上的枝杈肆意地生长，那么这些枝杈会分散小树身上的养分，使这棵小树无法长高，更不会成材。人亦如此，在孩子幼小的时候，他们身上的缺点就如同小树身上的枝杈，若不及时"修剪"，对孩子未来的成长将会产生很大的影响。如果家长、教师因为疏忽大意，错过了对孩子身上缺点的最佳修正时机，那么在形成习惯、思维产生定式后再进行纠正就会十分困难。因为这个小缺点随着天长日久的积累，已经成为孩子思维中的一部分，就像小树身上的分枝长了很久之后已经分不出哪儿是主干哪儿是枝杈了。往往成年人的一个要求说出来很简单，可是要孩子马上做到却很难，因为这是需要在正确的时间进行正确的引导才能够做好的事情。

孩子犯错误的时候，就是进行矫正的最佳时机。

例如，普遍的情况是，家长发现孩子的缺点后，直接进行批评教育，认为自己好像只要说一说，孩子的缺点就改正了，至于他听没听懂、改没改、如何去改，这些就不在意了。

每个人身上都有缺点，缺点就如同每个人成长的垫脚石。家长和教师要及时发现孩子身上的缺点，并给予纠正、督促，而不是视而不见，放任其滋长，一蚁溃堤，重病始于微病，道理也是一样的。

大多数的孩子因为年龄阶段的生理特点而比较好动，不良行为习惯存在的形式往往不明显，所以很容易被家长、教师忽略，如果这样长期被忽略或是放任不管教，不能正确地管教和纠正，那么就像得病一样，不及时治疗便会愈加严重。虽然也有人在有病后不进行治疗，而是依靠自身的免疫力自愈，就像有的孩子自身虽然有不良的习惯，但他会在生活中模仿别人的行为进行自我修正，慢慢改变自己，但是这也只是特例，就算能做到，也是要有外在环境影响和内在自身感知等前提条件的。孩子的坏习惯在衍生出其他的不良行为习惯之前应由家长、教师及时纠正。但是如果孩子事事都在教师、家长的管教和约束下，是很难学会自制和自我指导的。

　　在日常生活中，家长、教师要学会做孩子的好朋友，让孩子感觉到时刻有人陪伴，让孩子信任你，这些对孩子而言是很重要的，因为人生下来就没有安全感，安全感都是后天培养的。例如，一个人性格胆小懦弱，那并不是他真实的性格，而是他在性格形成的过程中受到了"阻碍"，使"勇敢"被压抑了，而这样性格的人是非常需要被关爱的。

一、没有一样的孩子，没有不变的教育

当孩子行为异常、表现得过于调皮时，家长、教师要保持一个平常、放松的状态，不要随着孩子的情绪失控而生气并大声斥责孩子，这时往往更需要去平静地处理。

例如，班里有一名幼儿，每天午睡时，大家都脱掉外衣外裤之后再睡觉，只有他执意穿着外衣外裤睡觉。当教师问他："穿衣服睡觉多不舒服，为什么不和其他小朋友一样脱掉外衣外裤再睡觉？"他的回答是："不想脱。"教师问他原因时，他依旧回答："不想脱。"并站在那儿默默地掉眼泪。

此种情况下，家长和教师需要理解，在大多数孩子的心中，眼泪往往是十分有用的"武器"，可以帮其得到他想要的"东西"，但是作为家长、教师一定不要被这一"武器"所"震慑"。

这时教师可以淡定、轻声地询问孩子："为什么掉眼泪？是因为我要求你睡觉时脱掉外衣外裤吗？"当孩子依旧回答"我不想脱"时，教师可以耐心地向孩子解释"穿着外衣外裤睡觉会出汗，不舒服，久而久之还会对身体不好。你看其他的小朋友，大家都脱掉外衣外裤睡觉了，咱们这样会影响到他们休息，你说是不是？"

通过这样简短的语言交流，孩子的情绪往往能够缓和许多，可是如果孩子依旧不肯脱外衣外裤，这时教师可以轻轻地搂过孩子，让其看着自己坚定沉稳的神情，缓慢地对其说："老师今天可以同意你不脱外衣外裤睡觉，但是有一个条件，（稍微停顿后继续说）明天午睡的时候你要自己主动脱掉外衣外裤再上床睡觉，好吗？"听完这番话后他很痛快地就答应了（然后教师让他去卫生间洗洗脸，再喝了一点热水后回自己床上睡觉去了）。第二天到了午睡的时间，他果然高高兴兴地自己主动脱了外衣外裤睡觉，就好像昨天什么事都没有发生一样。

　　所以，在相似的情况下，家长、教师可以制造一些情节再适当地退一步，多给孩子一些"面子"，多给孩子一个"选择"，这样反转式教育的效果会更好。所以，教育孩子的手段由某些特定环境和周围人物来决定，不是说在家长、教师决定改正孩子的缺点或要达到某些教育目的时，就一不做二不休，要求孩子马上达到要求。而是要换位思考，体会孩子当下的感受，再根据具体情况做决定。教育手段不是一成不变的，有些时候是需要家长、教师采取一些战术，要让孩子发自内心地感觉到自己应该去改变，而不是迫于家长、教师的压力去改变，因为在压力下的改变会让孩子心存怨气，而这样的不满累积多了，会对孩子的心理成长产生危害，让孩子未来的成长存在巨大的隐患。

"尽信书，则不如无书"，家长、教师想要改正孩子的缺点时，要根据具体情况进行具体的分析，还要考虑孩子当下的情绪和周围的外在环境再行动。毕竟教育没有固定的模式，没有不变的套路，更没有一致性。

当家长教育孩子，在与孩子对抗僵持到一定程度时，家长尽量不要因为自己掌握事情的决定权，就粗暴强硬地要求孩子马上去改变和听从。而是可以采取迂回缓和的战术，效果可能会更好。因为孩子能感受到你对他的包容和尊重，他会更容易接受改变，也会更听话，而且这样做会加深孩子对家长的情感。孩子对家长的情感是教育的润滑剂。

家长对孩子不能有"我为主，孩为从"的观念。

孩子在6岁之前的不良行为和习惯只要方法得当都是可以纠正的。孩子在1.5~3岁时是不良行为习惯的萌芽时期，是很多小毛病初步显现的时期。

3~5岁是不良行为习惯的形成期；5~6岁是不良行为习惯的巩固期。

孩子不良行为习惯的形成期其实也是不良行为习惯最佳的修正期，如果错过了这一时期，孩子的不良行为就基本上形成了，久而久之，不好的行为习惯会与孩子的思维共存，教育难度就会更大了。例如，孩子感冒了，初期没及时发现，后来发展到发烧，未及时医治又继续发展成脑膜炎，严重甚至会威胁生命。当然，这里只是个比喻，毕竟发生在孩子身体上的疾病还是容易发现的。但是发生在孩子心理上的疾病，就不那么容易被发现了。这时如果家长对孩子的不良行为一味地放任迁就，听之任之，那么这种精神上的"感冒"，最后也会危及孩子的生存质量，因此家长和教师应该高度重视，防患于未然。

　　如果孩子在动手完成一项游戏或做一件事情时，在过程中发生了错误的操作，家长和教师切记不要立即否定、纠正、批评孩子做得不对。家长和教师以为自己是在帮助孩子、指导孩子做得更好，但在孩子的意识中却不是这样的。他会感到苦恼沮丧，这一行为既会打击孩子求知的欲望，又会伤孩子的自尊心。往往这些负面的情绪是孩子无法表达出来的，所以作为家长和教师一定要尊重孩子的所有想法，多方面给予孩子更多的肯定和鼓励，在适当的情况下，引导和帮助孩子使其行为更加规范。

二、教育应掌握方法

孩子何时进行行为规范和习惯约束教育才适当呢？我认为，孩子在1.5岁时家长就应该对其进行规范化的行为和习惯养成教育了。家长不要觉得孩子这样小，不用着急去规范教育，或是因为疼爱孩子而不舍得过早地约束孩子。也有一部分家长想做但是不知道该如何去做。所以孩子到了3~4岁时，会有家长抱怨孩子不听话，甚至没有办法管教。那么到了这个时期该怎么办呢？这就需要家长去学习——向孩子们学习。那么该如何向孩子学习呢？这便需要家长耐心地与孩子接触，投入一些精力和时间陪孩子一起玩，认真观察孩子的行为，持续关注孩子，并不断反思自己。这样家长便会逐渐了解孩子的需求，能慢慢地理解孩子的行为，也就知道自己该怎样去做了。也正是因为有了家长的陪伴，孩子会慢慢服从并认可家长。管教孩子首先要得到孩子的信任，在家长耐心的陪伴和关注下，一旦遇到孩子淘气、不听话的情况发生，家长便会明白孩子情绪的来源，也知道自己该做些什么去化解孩子的不良情绪。

教育没有捷径，没有一样的孩子，没有不变的教育，所以在引导、教育孩子方面，家长的陪伴最为重要。

三、教育应具有态度

家长在教育孩子的时候，一定要温柔、坚定，温暖、自信。

孩子在玩的过程中，有很多的表现：有的孩子会因为玩具被抢而哭，而有的孩子遇到这样的情况就会抢回来，也有的孩子遇到这样的情况不会哭闹，也不会有明显表现，而是会继续玩其他的玩具。同样的情况下，不同的孩子会有不同的表现。

作为教师，首先不能帮被抢玩具的孩子把玩具拿回来，并去批评抢玩具的孩子，而是需要表扬第三种孩子的表现，并且要引导抢玩具的孩子怎样玩是正确的，告诉孩子喜欢对方的玩具、想玩的时候，怎样与对方进行沟通。要诚挚地向对方表达出自己的意愿，希望对方能把玩具让给你玩，但当对方不同意的时候要懂得接受自己被拒绝，因为下次你也会有机会玩这个玩具。当然，教师也可以帮助这个孩子去征求另一个孩子的同意，将玩具借给他玩一会儿，或者是他们共同玩，重在引导孩子互相帮助和合作。

有些孩子很淘气或是行为夸张，他们故意或是无意弄坏东西的时候，家长不要火冒三丈，脾气一上来就大声训斥孩子。这时家长要尽量控制自己的情绪，换位感受一下孩子的心情。此刻孩子犯了错误，其实他已经很害怕了，所以家长一定要心平气和地跟孩子进行沟通，如果孩子还是没有什么反应或表现的话，家长可以再积极地调动一下孩子的情绪，但要保持平静地跟孩子进行沟通。要少说多听，让孩子多表达。最后，家长可以告诉孩子，你希望他做什么、怎么做，还要找到恰当的时间点去帮助孩子，千万不要要求完美。因为事情已经发生了，所以孩子只需要对后果进行弥补，如此反复地进行几次以后，效果会越来越好，孩子良好的行为习惯也就这样慢慢地养成了。

习惯真是一种顽强而巨大的力量，它可以主宰人的一生，因此，人从幼年起就应该通过教育培养一种良好的习惯。

孩子需要教育和引导，对于孩子来说，他们并不喜欢被管教，而是需要情绪的安抚者和行为的指引者。在日常生活中，一些看似不经意的事情，最容易被家长忽略，而往往是这些事情能够对孩子的成长教育起到关键性的作用，成为孩子心理建设和精神教育方面的基础。当这些简单的问题展开后，大多数都蕴含着复杂的情绪在其中，这便需要家长意识到这些最基础的教育，才能把接下来的教育做好。

四、尊重孩子，保护孩子的自尊心·

知道规矩，并能遵守规矩，这样的孩子才能养成良好的思维方式和行为习惯。

有的家长在教育孩子的时候，担心自己管孩子时会伤害孩子的自尊心，所以很少也不敢严格地管教孩子；还有的家长认为孩子的天性就是活泼好动，孩子顽皮、淘气是正常的，只要等孩子长大点再教育就会好，而目前的一些缺点不会对孩子未来的成长产生影响。家长如果这样想就错了。孩子小的时候，并没有是非对错的观念和判断，他并不清楚自己做的事情哪些是对，哪些是错，自己应该怎样去改正，所有这些规矩也就是孩子未来的行为习惯和生活常规，是要靠家长进行约束和培养的。

1.5~3 岁是孩子行为学习的最佳时期，3~6 岁是行为发展的关键时期，好的行为习惯能更好地塑造孩子的人格，能逐渐培养孩子的自控力和承受力。

有的家长在管教孩子时，很害怕看到孩子掉眼泪，往往孩子一哭闹，家长便马上妥协没有了立场。但这样，会让孩子产生只要是不如愿就哭闹不止，而且会一次比一次哭闹得更严重的情况，甚至呈现不达目的不罢休的架势。如此下去，反复为之，孩子的性格就会变得任性、暴躁、缺乏耐心和忍耐力，以自我为中心，唯我独大。自己的利益是一切中的首位，做任何事首先会想到自己会怎样。

　　"爱孩子，爱得越多越好"是家长思想上的误区。其实孩子在小的时候，经历一些磕磕碰碰，受一些委屈，是非常有必要的，也是生活中在所难免的，这些经历对孩子的成长是有益的。孩子在人生之初，对自我的定位并不敏感，而家长在孩子淘气时放松管教，会促使他的任性和自我认知膨胀发展，使得孩子对自己想要的东西会习惯性索取，认为自己应该得到满足，而家长的妥协和让步都是应该的。当有一天真的被拒绝时便无法接受，没有承受能力，甚至会自我伤害。反之，如果孩子在最初淘气时或提出无理要求时遭到家长合理的拒绝，那么孩子是不会感到受伤的，反而在他的潜意识里会认为是自己做错了，家长这样做是对他好，便会不自觉地将自己的行为按家长的要求进行修正，这样孩子的理性思维会逐渐成熟，即使在要求遭到拒绝时，也会欣然接受，不会哭闹不休，这样的孩子成长的方向也会是充满阳光的。所以，家长不要因为爱而溺爱孩子，而是要告诉孩子你对他的期望，在如此良性循环的土壤中孩子才能茁壮、健康地成长。

孩子情绪不好还会影响睡眠，导致睡眠不足。睡眠是大脑消除疲劳的主要方式，如果孩子长期睡眠不足，很容易引发其他疾病，如神经衰弱、情绪不稳定、焦虑、近视、食欲减退等，严重的还会导致孩子记忆力下降，影响身体发育，而且控制生长的激素在睡眠的时候分泌最多，所以家长一定要及时与孩子进行沟通，让孩子拥有好的情绪以保证充足的睡眠，要想孩子长得高，就要让孩子睡得好。

每个人在受教育的过程当中，都会有段时间确信：嫉妒是愚昧的，模仿只会毁了自己。每个人的好与坏，都是自身的一部分，纵使宇宙间充满了好东西，不努力你什么也得不到。你内在的力量是独一无二的，只有你知道能做什么，但是除非你真的去做，否则连你也不知道自己真的能做。

——爱默森

不被尊重的孩子，很难"听话"。

——杜娟

第三节　委屈需要倾诉

家长的情绪和行为会直接影响到孩子的情绪。

在日常生活中，孩子会因为被家长无意中冤枉而感到委屈，这其实也并不是坏事（孩子最好从小就有这方面的承受能力），但如果孩子一直是众人所关注、爱护的"中心"，他们早已习惯被宠着、惯着的感觉，从而产生"自己很特殊，理所当然地接受一切宠爱"的思维惯性，而一旦经受了不如意的事情时，尤其是在被冤枉了的时候，他们心里会承受不住，情绪会发生很大变化，甚至大发脾气、产生怨气迁怒于他人。如果这样的事情反复出现，那么家长会产生巨大的压力，并且反过来会对孩子的心理健康和性格产生影响。所以在这种不良循环出现时，家长一定要及时给予正确的纠正和引导，在引导孩子的过程中不要专注于讲大道理，因为孩子是听不懂的，反倒会使孩子变得焦虑、不耐烦，从而事与愿违。这时的家长要让孩子多跟自己说话倾诉、帮助孩子尽快脱离当前的坏情绪，并抓住机会以身边的实例引导他。例如，妈妈也曾经受过什么样的委屈（举例说明），后来又怎么样了。可以让他知道人人都会受到委屈，而委屈是个"小法师"，是在磨炼他的意志，在帮助他越来越强大。

在孩子情绪特别激动的时候，家长、教师更应该给孩子提供一个安静的空间，让他把情绪发泄出来，如果他想痛快淋漓地哭，那就任其哭，要给孩子这个时间，让孩子把情绪发泄出来，而不是让孩子忍着或是把坏情绪憋回去，以为孩子一会儿高兴起来就没事了，其实这样做是不对的。要给孩子足够的时间进行情绪转换，不管、不约束，更不能训斥，要安静地帮孩子把不良的情绪彻底发泄出来。所以家长、教师一定要重视孩子想表达的思想，不要冷漠或视而不见，尤其要在孩子有情绪的这段时间里，给予孩子关注和疼爱，这是尊重孩子的表现。一个十多岁的男孩子从小反应迟钝，在学校调皮捣蛋，学习成绩较差，学校最后将他开除了，开除的理由是："你留在班上，是全班的不幸，而且会影响其他学生。"而这个男孩就是成年后提出震惊世界的相对论的艾伯特·爱因斯坦。

一、孩子哭未尝是坏事

"人法地，地法天，天法道，道法自然。"

人的情绪有喜、怒、哀、乐，而由不同的情绪交织在一起派生出来的情绪，可能会让人感到焦虑，进而产生抑郁。人一出生就有抑郁的情绪。有些孩子在初入幼儿园的时候，情绪反应很大，会使劲儿哭，家长和教师怎么哄都不行，明明在家说好，已经答应乖乖入园不会哭，可是一到幼儿园却还是哭，这让家长很焦虑，既担心孩子又手足无措，不知该如何是好。即使孩子能够勉强入园，家长也会一整天都在担忧孩子在幼儿园是怎么度过的，会不会受委屈……

虽然孩子入园时哭闹得厉害，但是此时家长需要有耐心（因为有的家长看到孩子哭闹，自己便会表现得烦躁不安），一定不能冲孩子发脾气、责怪埋怨孩子，更不能让孩子看出家长的焦虑不安，因为孩子这时哭闹的反应是正常的也是有必要的。

例如，有的孩子平时在幼儿园里表现得很好、很开心，可是每天早上入园时就哭，而一转身进了班级就不哭闹了。这样的情况持续了很长时间，孩子的家长对孩子早上入园时的哭闹不知所措，每天都很担心孩子，而问题恰恰就是出在这个环节，其实孩子自己可能并不知道早上入园时为什么会哭。所以，这种情况下只需要让孩子自己坐在一边就行了，教师也不用刻意地去询问他为什么哭，而是在他不哭的时候，去关注他，表扬、肯定他。孩子哭闹往往是因为喜欢被关注，所以用这种行为吸引他人注意而已。家长和教师要让孩子明白，来幼儿园不应该哭，因为哭也没有什么用，这样孩子就会有选择性地改掉早上入园哭闹的习惯。并且教师应及时与家长沟通，得到家长的帮助，只有在教师和家长的共同努力下才能教育好孩子。

那么身为教师，应该如何应对呢？

第一，孩子在一个陌生的环境里，父母都不在身边，他会对周围环境感到恐惧，缺失安全感，所以用哭来表现自己的情绪，发泄自己的紧张和焦虑，这是正常表现。事实上，这样的发泄对孩子的身心发展是有好处的，不哭不闹反而是不好的，因为孩子没有把压力发泄出来，自身也不可能消化安全感的缺失，就会把这份恐惧留在心底，恐惧会在心里累积，久了会受"内伤"。所以这个时期教师的工作非常重要，教师要让新入园的孩子尽快地熟悉你、认可你、喜欢你，可以组织孩子们开展互动游戏等活动，让孩子们尽快熟悉彼此，建立友谊，渐渐地，孩子会开心地来幼儿园，而不是痛苦地哭闹着入园。

第二，过而不改，是谓过矣。因为家长担心孩子第一次入园会不适应，所以对孩子的安抚工作过了头，而孩子又很享受被家长过度关注的感觉，反倒使幼儿对去幼儿园感到更加委屈，所以在入园的时候会哭闹，希望家长来关注他。家长过度考虑孩子的感受，这样对于孩子反倒不好，如果孩子长时间处在这种"关注"中，就会变得自私和过于自我：遇到事情不会或很少考虑他人的感受。其实，孩子有这样被关注的需求是正常的。但是在面对孩子无理取闹时，家长需要清晰、简短地告诉孩子应该怎样做，而不是讲很多的道理，因为那些大道理孩子是听不懂的。所以，在这种情况下给予孩子足够的关心和鼓励即可，孩子虽小，但是他们的适应能力其实是很强大的，只有家长学会放手，孩子才能挥动翅膀，学会展翅高飞。

第三，有的孩子对幼儿园新环境适应很快，但是还会偶尔哭闹，很可能是饿了、渴了或者是想上厕所不敢说，这种情况下孩子也是会不停哭闹的。

第四，孩子刚入园时哭闹不停，有可能是教师训斥过他，孩子因为害怕而产生的不良情绪。在这种情况下，教师不要急于处理，要给孩子些时间消化吸收，同时应耐心地多和孩子接触，给予孩子足够的安全感。让孩子尽快熟悉、信任教师，不同的孩子会有不同的表现，教育方法也就不一样，所以教育的过程没有范本，也没有一致性。

第五，有的孩子就是单纯地不愿意去幼儿园，不喜欢陌生的环境，不喜欢陌生的教师和小朋友，他心里会有抵触情绪，在家使劲哭闹。对于这样新入园的孩子，教师应多关心，让孩子感受到在幼儿园里有爱，这样孩子在入园的时候，就会有所期盼。

第六，家长自身的问题。由于家长担心孩子入园时不适应，因而忧心忡忡，这种情绪传染给了孩子，孩子很敏感，同样会感到焦虑。所以，想让孩子情绪稳定，家长必须先做到情绪稳定。

二、孩子需要学会付出爱

爱需要语言和行为上的表达，只有表达出来的才是爱。

混龄生活环境和团队合作精神，对于大多数的独生子女而言是一剂良药。在独生子女家庭中，孩子的玩伴大多也都是同龄的小伙伴。在幼儿园里，不同年龄的孩子都可以在一起玩，排除了许多同龄孩子在一起玩的共性和弊端。小孩子会崇拜大孩子，反过来大孩子会照顾小孩子，在小孩子追逐大孩子一起玩耍、打闹嬉戏的过程中，大孩子会自觉地谦让小弟弟、小妹妹，而小孩子们"哥哥、姐姐"地叫着，这种你谦我让之中自然的真挚情感，会让彼此感受到被关爱，能体会到什么是哥哥、姐姐的呵护，这种人类天性中爱的自然流露，会无声地滋润着孩子们的心灵，增强孩子的存在感和幸福感，有助于孩子健康快乐地成长。

身为独生子女的孩子，很容易缺乏对爱的表现力，当同样身为独生子女的家长给予孩子过度的溺爱时，会使得孩子不懂得也不会付出爱。为了让孩子学会付出爱，家长可以选择让孩子饲养宠物的方式，让孩子有机会去学习如何付出爱。刚饲养小动物时，有的孩子会不喜欢，但是通过接触，慢慢地培养感情，你会发现很新奇的变化，而几乎每个孩子都能跟宠物快乐地玩耍。在饲养宠物的过程中，孩子能够体会到生命的唯一性和珍贵，渐渐地学会付出爱、接受爱，他会对周围的人，放射性地去爱。

　　教育的过程是爱的给予过程，一个人如果自身缺失爱，便很难懂得如何给予爱。人们都希望能够获得尊重、得到爱。但懂得爱、会爱的能力却是在一个人幼年时日积月累的被爱中所获得的。

　　"教不严，师之惰。子不学，非所宜。幼不学，老何为。"从事教育工作的教师，除了需要具备专业知识外，还需要拥有极大的耐心和责任感。对待孩子的温度和态度是极为重要的，因为爱和教育是有联系的，如果没有足够的爱去给孩子，那么孩子也就无法感受到爱。在这种缺失了爱的环境中，孩子会因为外在环境的影响而改变自己。

教师是克服人类无知和坏习惯的大型机构活跃的积极的成员，他是过去历史上所有高尚而伟大的人物和新一代人之间的中介，是那些为真理和幸福而奋斗的人的神圣遗训的保存者，是过去和未来的生活环节。

——乌申斯基

人的内心世界有一种天性的欲望——爱与被爱。如果人被过度约束管教，会产生很多不满情绪，这种情绪会影响人情商和智商的发展。

——杜娟

孩子需要倾诉

当孩子跟家长、教师讲话的时候，如果心不在焉地应付他，孩子会感觉不被尊重，会打消想倾诉的想法，久而久之会产生自卑心理。

不能忽视孩子的需求

如果家长和教师都能认真倾听孩子的叙述，孩子也会更容易表达出自己的心声，并与倾听者产生共情。当孩子想倾诉的时候，家长和教师要专注、安静并面对着孩子，认真去倾听。

认真倾听孩子的心声

小·贴士

　　家长、教师教育孩子其实不难，是成年人将孩子想得复杂化了。哪怕家长、教师不懂得教育、放任不管，孩子也都能成才。但是前提是要保证孩子周围的生存环境健康文明、安全卫生，没有欺凌歧视。如此孩子才能自由健康地成长。

第二章

分享是爱的表现

第一节　分享是一个制造快乐的过程

　　孩子们在玩玩具和开展游戏活动的时候，家长和教师应该怎样做些什么？只是看住孩子不出危险，彼此不打架，安静地玩就行了吗？

　　孩子在玩玩具的时候，家长和教师最重要的任务是引导孩子学会管理自己，不要发生矛盾便吵闹，有问题就向家长或教师告状，依靠别人解决问题（如果教师不是亲眼所见，解决问题难免会因为听一面之词而产生偏差，或即使亲眼所见也有前因后果未必了解全面），所以当发现孩子之间有问题时，教师应尽量让孩子自己去和同伴协调解决，自己选择在一旁观察，在孩子表达困难时帮助一下，但只能是引导、提示或提出建议，最终还是让孩子自己想办法来解决问题。孩子在玩玩具的时候，家长、教师不要将每个人的玩具分得很清楚，这样孩子便认为自己分到的玩具就是属于自己的，自己的玩具不允许别人碰，不然就哭闹告状。但产生这种情况并不是孩子自私，而是他们还不会分享，不懂与他人互相合作共同分享玩具。所以，当孩子争抢玩具的时候，家长、教师不要急于上前制止，更不要严厉批评抢人玩具的一方（这样教育孩子是鲁莽的），因为表面看是一方抢夺另一方的玩具，可实际上在"抢"玩具孩子的心里很可能因为有合作、互动的意向，只是想与同伴一起玩，但是不懂得表达而产生误会。所以这就需要家长和教师及时给予引导，帮助孩子彼此进行正确的沟通，如何表明自己的意愿想法。

另外在孩子玩玩具的时候，家长和老师尽量选择给孩子提供半成品或手工制作材料为主的玩具，来让孩子自己动手动脑，想办法制作完成。家长、教师也可以在一旁提示孩子，如果自己一个人完成有难度，那么可以向其他人求助。这样孩子就会自主地想办法，主动地寻找同伴来帮忙，培养了孩子的创造能力和表达能力。家长、教师也可以顺势引导或是建议孩子以小组的形式来完成任务，可以把互助再扩大，乐人之乐，人亦乐其乐。在这样的活动中孩子会玩得很愉快，因为互动合作给他们带来成就感和幸福感，慢慢便会养成与同伴合作的习惯。而孩子在互动过程中，天性中的优秀品质也会被不断地激发出来，使他们感受到帮助与被帮助，关注与被关注，学会主动地去帮助和关注其他人（人之所助者，信也），如此不断地尝试，教育自然会变得容易许多。

但需要家长和教师注意的是，孩子们在一起玩耍，难免声音会过大，而过大的喧闹声会对孩子的身体产生影响。所以孩子在玩玩具和做游戏的时候，家长和教师需要注意的是维持秩序和一定要将玩耍声控制在适应范围内。

一、引导孩子参加团体活动

有时候孩子淘气可能是对外界环境的不满。

无论孩子在家或是在幼儿园，在他们进行活动时，家长、教师都要积极地参与其中，鼓励引导孩子如何邀请朋友一起做游戏，如何帮助他人等。不需要刻意地对孩子的个人行为进行表扬，而多对他助人为乐或是在团队中与其他伙伴共同取得的成绩时，进行有氛围地表扬，并且突出表扬他为团队集体做出的贡献。

在与其他孩子共同玩耍时，家长、教师要帮助孩子们和谐共处，引导孩子表达自己在活动过程中的感受。在幼儿园里，教师可以以小组的形式组织孩子活动，让孩子通过团队的实践活动体现自身价值。让孩子通过实践理解明白参与的重要性，懂得只有胜利的团队，没有胜利的个人。既锻炼了孩子互动合作精神，又能让孩子感受到合作带来的快乐。通过合作，孩子天性中的自私和任性会得到纠正，承受力忍耐力也得到了提升，在这样良好的循环教育中，会帮助孩子快乐、健康地成长。

俗话说，"衣服要从新的时候爱惜，孩子要从小的时候教育。"所有关于孩子教育中发现的问题，如果都能找到"病灶"和"诱因"的话，那么解决的方法自然就能找到。如同看病，如果能查出病灶在哪儿，对症下药，治疗就会成为很明确的事情。

　　有的孩子在独自玩玩具的时候，不论是在室内还是在室外，如果有人向他走过来，他会下意识把玩具抱得很紧，好像生怕被别人抢走。而不是主动邀请对方一起玩玩具或将玩具分享，这一情景通常发生在大多数独生子女身上。如果孩子一直在这样的状态下继续长大，没有得到家长和教师的及时纠正，那么他会逐渐变得自我意识过强，做事会过于自我，不会想也不会去关爱同伴，不懂得付出也不会合作分享。

　　教育孩子有时很简单，没有很烦琐也并不复杂，可能一个眼神，一个微笑，或者是简单的几句话，就能达到事半功倍的效果。家长和教师对孩子的教育，只要方法适合、针对性强，就能起到作用，纠正孩子的一些不良行为。例如，教师在给孩子布置任务，要求孩子做什么的时候，语言一定要简洁清楚，如果反复解释一堆，则很容易扰乱孩子的想法，也会让孩子不知道自己到底该做什么。

二、学会做懂爱的天使

纯真不是孩子专用的，而是每一个生命体自始至终都存在着和拥有着的，一个人的纯度和真度决定了其生活的浓度和味道。

家长和教师在教育孩子的过程中，要学会反省。如果发现自己的教育方式存在问题，要及时调整或纠正，要发自内心地进行自我批评，真诚地向孩子道歉，这样能把对孩子的伤害降到最低。作为家长，对孩子好就是对自己好，所以不要为了面子，明知自己的行为或语言伤害了孩子却不积极弥补，认为孩子小，过几天就好了，过几天事情就过去了。事实上这是很有所谓的，因为孩子并不会忘记，他会把事情放在心里，严重的还会对孩子的成长造成困扰。有的父母伤害了孩子却不自知，不认为自己做得不对。而孩子因为弱小，不敢指责，不会诉求，只能默默地承受。（如果家长缺乏这方面经验的话，可以咨询听取专业教育工作者的意见，避免走弯路。）也有的家长认为自己看了很多关于幼儿教育方面的书，一边摸索一边做，便能做得很好，可一旦通过实践尝试证明该教育方式是错误的时候，那对孩子的伤害将是无法弥补的。家长要认真考虑专业教师的指导，谨慎对待孩子的表现，不能随心所欲地凭感觉去教育。

教育主要是靠言传身教，这也是现在有的家长往往不用刻意地去管教孩子，反而孩子懂事、明事理的原因；而那些事无巨细的家长教育的孩子却往往能力较弱，这就是因为如果管的方法不对，还不如不管。孩子在学校有教师规范、引导，孩子会通过观察教师教育其他孩子的时候，或者通过行为规范性的要求来纠正自己的行为（稍微大些的孩子就有这种辨析能力了，这也是悟性）。所以家庭教育的欠缺，在学校是可以得到部分弥补的，而不恰当的家庭教育，倒不如给孩子更多的"自由"（"自由"不是放纵和不管）。家长可以多与教师沟通了解孩子的表现情况，以掌握对孩子进行正确的引导方式和采取正确的教育方法和手段，从而实现教育目的。所以教育孩子的前提是要解读孩子的行为。

没有爱，就没有教育，爱是最好的教育手段。家长想要规范孩子，要孩子听话，前提是要让孩子知道你足够爱他，因为爱是会"传染"的，被爱充满的孩子的心态是积极向上的，因为得到爱的孩子会散发出光芒，指引他前行。

作为成人的家长和教师，不要站在高处去审视或质问孩子，不要让孩子告诉我们为什么要调皮或哭闹，而是要更多的反省自己，是否在自己的行为中使得孩子性相近却习相甚远呢？

每个孩子都是爱的延续，他们会有不同的色彩、不同的表现、不同的温度……可爱的他们来到人世间时，都有一把属于自己的锁，把锁打开孩子才能健康快乐地成长，而钥匙就握在家长和教师的手中，爱就是这把钥匙。不论是作为父母，还是作为教师，都要记得自己的责任——要帮助孩子健康快乐地长大。在"开锁"的过程中不要对孩子抱怨，更不要强迫孩子去理解你的烦恼，因为这样对孩子不仅很不公平，还很无情、残忍。这个世界的每一个幼小的生命都很美丽，是因为父母的不同、成长环境的不同、教育环境的不同，使孩子变得不同。

　　教育孩子要松弛有度，不能总是放松，也不能总是很紧张。如果过松，人的天性中存在的惰性和散漫就会毁了这个孩子；如果过紧，孩子头脑里天性的闪光点会受到限制，妨碍智力正常发展，而且时间一久孩子还会性格内向，少言寡语，会把心事压抑在心底，不习惯向他人倾诉，这样久了容易产生心理疾病影响心理健康。大多数在平时生活中少言寡语的人在遇到问题的时候很易偏执钻牛角尖，很难适应社会，性格孤僻，即使有才华也不知道该怎样施展自己，无法获得他人的理解和帮助。

三、爱要张弛有度

大多数的家长对孩子太过溺爱了，却不知水满则溢，爱满则害。适当宠爱孩子是应该的，但是要爱对地方，宠在"点"上。不是任性要个脾气就放任，殊不知下次你要付出更多的精力来纠正孩子这次的任性，或是教育方法的不恰当，只会管而不会教，那就是在耽误孩子了。而正是由于家长的这些行为使得孩子形成了不良的行为习惯，对孩子的性格和初期人格形成都有很大的影响。

习惯是一种顽强而巨大的力量，它甚至可以主宰人的一生。因此，给孩子制定规矩，并要求他遵守，这样才能培养良好的行为习惯。

小孩子个性各有不同，我曾接触过这样一个孩子，每次喝奶、吃水果、喝水的时候，拒绝的态度都很坚决，甚至有时还会用大喊大叫的哭闹。我经过与家长的沟通得知，孩子在家里也没有如此抗拒的情绪，但在幼儿园为什么会拒绝呢？通过多次观察我发现，孩子总是自己一个人玩，性格胆小孤僻，不会和其他孩子互动。于是，我向孩子投去更多的关注与爱护，每次喝奶或喝水时都陪伴在侧，鼓励孩子慢慢尝试，让其观察其他小朋友的行为方式。当孩子渐渐放下不安的情绪时，自然会接受外界带给他的安排。时间久了，这个孩子不仅不拒绝喝奶等安排，还主动地和其他孩子交起了朋友。

教育者的个性，思想信念及其精神生活的财富，是一种能激发每个受教育者检点自己，反省自己和控制自己的力量。

——苏霍姆林斯基

一个民族要有民族自信。文化是一个国家的精神家园，而教育是普及文化的必经道路之一，重视教育，即重视民族的发展。

——杜娟

第二节　不要用哄骗的方式教育孩子

在教育孩子时，家长和教师的眼睛思想的高度要与孩子一致。

孩子们在做游戏和玩玩具的时候，是很淘气的时候，在一定底线内，家长、教师不要因为孩子把周围弄得脏乱或是吵闹了而过分严厉地训斥孩子，这样做会影响孩子的性格，孩子的脾气会变得急躁，并且降低他的自信，当家长、教师看到孩子把屋里弄得很乱的时候，不要过去就是一顿严厉的斥责，或是哄着孩子把玩具归位，这样过后孩子还是会依旧如此，并不会真正地解决问题。当看到孩子玩玩具满屋乱丢的时候，家长、教师可以尝试着面带微笑平静地坐到孩子旁边，心平气和地和孩子进行谈话，温和地询问孩子在玩什么。首先调动起孩子谈话的兴趣，然后转移话题，谈一谈孩子平时很喜欢感兴趣的事情，这时家长、教师就可以顺应满足孩子之前的兴趣和需求（不能让孩子察觉这两者之间有关系，想买的玩具或是喜欢吃的某些食物等），孩子此时会很开心，家长、教师就可以提出自己的想法或期望（如将玩具整理好），并且鼓励孩子去做，这时孩子会很乐意地去做，因为这是你希望他做的，这样反复若干次后，就会使孩子养成良好的整理习惯，以后玩玩具的时候，就会注意，并且玩完自己会习惯性地主动地收拾整齐，这就是一个整理习惯的养成，表面看只是收拾了一下玩具，实则是纠正了孩子的行为意识和性格走向。

而如果没有这个过程，家长、教师上来就要求孩子做并且答应收拾好后给予的奖励，孩子会认为得到奖励是应该的，只有奖励了才去做事情，自己的行为并不会有何改变。虽然同样的事情只是语言上和前后时间的变化，对孩子心里起到的影响会是截然不同的。

家长、教师通过激发孩子的行为思维，从而影响他的行为习惯。正确的激发不仅会纠正孩子的行为习惯还会影响孩子的创造能力和想象能力，使孩子的学习能力和认知能力更强。

一、教育要寓教于乐

孩子在做游戏和玩玩具的过程中，有很多的教育机会，也隐藏着大学问。这对于家长和教师来说，也是发现问题最好的机会，所以孩子在幼儿园时期应多开展游戏运动和创造互相合作的机会，教师要细心观察，根据孩子的表现及时发现每个孩子身上存在的需要纠正的不良习惯，并有针对性地进行随机教育，这样孩子的抵触情绪会很低，也乐于接受建议，效果会事半功倍，这就是所谓的寓教于乐吧。

在孩子互相争抢玩具并争先恐后地指责对方向教师"告状"的时候，教师不要责怪孩子，而是需要平静地告诉他"你们是朋友，要互相谦让。"如果孩子还是互相争抢，那教师就可以严厉并明确告知，如果再互相抢玩具，就都不能玩这个玩具了。教师这样做时，孩子便会动脑思考解决问题的方法，这样促使孩子去考虑并主动与对方合作解决问题。当问题解决时，孩子们也懂得了"退一步"的道理，使孩子懂得在处理矛盾时，懂得谦让，同时也锻炼了他们的语言表达能力。

孩子在玩玩具的时候，如果发生你争我抢的情况，教师不要去帮助他们解决谁对谁错的问题，而是尽量鼓励孩子自己解决，因为同一年龄段的孩子思维和行为大致相似，因为他们互相之间的事情只有他们自己能理解，能说得清楚，教师很难能按照他们的思维去处理好这件事。如果教师放手（但是要把握事情的演变方向和程度），孩子，在遇到问题只能靠自己解决时，他们就需要思考解决问题的方法，并把想法落实到实际行动。在思考过程中孩子的思想不断成熟，解决实际问题的能力得到不断提高，如果教师参与过多，孩子会产生依赖心理，出现问题时总是寄希望于成人的帮助，如此一来，孩子的独立性、动脑习惯、自我个性的形成和解决问题的能力都得不到发展，会妨碍孩子的成长。

二、孩子情绪激动时选择"冷处理"

家长和教师在纠正孩子的缺点和不良行为时，不需要有时间限制。

当孩子任性或哭闹时，家长、教师可以用转移注意力的方法，例如，提起最好是他感兴趣的事情，如果孩子继续哭闹不止，那也不用着急，可以先平静地询问孩子是否需要帮助，引导孩子表达出此刻的想法，并帮助他完成这件事。如果他还是不满意继续哭闹，这时家长、教师只需离开他，去做一些他能看见，或是他能听到的一些感兴趣的事，并选择好恰当的时机，邀请他来参与。切记，家长、教师只需要平静地一问（只问一次），并且目光要注视着他。如果孩子不同意或没反应，家长、教师只需继续自己的活动，给孩子一些考虑的时间。其实孩子此时是想参加的（孩子都是活在当下的），因为是他感兴趣的事情，所以只需再找准时机，好像之前什么事都没发生一样，微笑着继续邀请他加入即可。而孩子可能会不好意思（但是这时他心里已经想加入了），所以家长、教师可以主动热情些。有了这一次，孩子会在未来的教育中更容易接受改变。

例如，有一名孩子入园后总是戴着帽子、穿着室外的衣服进入教室，不肯脱，要不就哭闹不止，他就是在用这种行为表达自己的情绪。针对这种情况，我利用了上面的方法。首先我一边跟他聊天一边带他走到更衣柜前，而此时当孩子看到更衣柜就开始哭闹了，哭着不让我拿下帽子和脱掉外衣，然后我一边跟他聊一些与脱掉外衣等无关的事情，一边轻柔快速地把他的帽子和外套脱了下来，并且平静郑重地告诉他，"衣服都放到他自己的柜子里了，放学回家时就可以再穿上"。受之前情绪的影响，他还是会继续哭闹，甚至可能会更凶猛一些，这时我就让他先冷静一会后在带着他去与其他孩子进行游戏活动（不论他是否参与其中），这时他目不转睛地关注着我和同学做的游戏，同学主动地邀请他参加，他还是有点不好意思，我便微笑着走到他的跟前，拉着他的手邀请他加入。最后在活动结束的时候，我当着全班孩子的面表扬他今天把帽子衣服放到了自己的更衣柜里的行为，及时、热情地给予他鼓励。第二天入园的时候，他自己便会主动地就将外套和帽子放到更衣柜子里，仿佛之前什么事都没有发生过一样，就这样他改变了入园不脱衣帽的习惯。

孩子所表现的情绪都是真实的情感和真正的心理需求，家长和教师要尊重孩子的情绪，因为孩子对事情的判断和描述能力很差，往往不知道该怎样去准确地叙述一件事情发生的过程，或是用语言来表达出自己的感受。但是孩子的情绪反应是真实、准确的，家长、教师需要重视这种情绪表现背后的事情。

　　在纠正孩子缺点和不良行为方面，家长、教师要给予孩子足够的时间和一定的信心。人的内心世界都是渴望爱与被爱的，如果在感受不到爱的前提下，被过度约束管教，那么将会产生很多不好的情绪，长期被这种坏情绪所影响，会对孩子的身心健康产生伤害。

　　教育属于生活，教育为了生活，教育要依靠并借助于生活。

　　知者不惑，仁者不忧，勇者不惧。当一个孩子犯了严重的错误时，家长、教师没能及时纠正孩子的错误，让孩子知道自己做了一件错事的话，或是孩子根本不清楚自己错在哪里，是否需要改正错误，随着时间的推移，这个错误很可能就会成为一件无所谓的事情。所以，在孩子犯错大人批评孩子的时候，要张弛有度，要注意自己的说话语气和表达方式，表情要严肃，态度一定要有底线。

少成若天性，习惯成自然。

——孔子

　　在纠正孩子缺点和不良行为方面，家长、教师要给予孩子足够的时间和一定的耐心。

——杜娟

孩子需要陪伴

小贴士

当一个孩子表现得很乖巧的时候，家长、教师对孩子微笑，如果孩子表现出不好意思，难为情或者不敢与你目光对视，还扭捏地转头故意去做一些其他的事情，这些行为都是一个孩子缺乏自信和安全感的表现，需要家长和教师引起重视。相反，当孩子行为异常，表现得过于调皮的时候，家长和教师只需要保持一个平常放松的状态，不要去生气、激动或对孩子大呼小叫，只需要平静地去处理就行了。

第三章

长大和懂事
不是一回事

第一节　教育是引导孩子向正确的方向改变

孩子如果受到不良影响，就可能会走错人生的方向，这时家长和教师要立场坚定地纠正孩子的错误。

我们每个人在小时候都有缺点，而这些缺点大部分也都是可以改正的（但是不要过了 6 岁），就像人身体上的某些疾病，如果长久得不到医治，就会变成慢性疾病或是难以治愈了。人的缺点也是如此，缺点拖延久了，过了最佳修正时期，这个缺点就好像已经是身体里的一部分，想改是很难的。

教育有很多种，就像疾病也有很多种。病例是具有相似性的，如同本书中所介绍案例一样，在大多数的孩子身上也会有相似的情况发生。家长和教师可以尝试同样的方法去纠正，但不能完全照搬。

一、教育离不开疼爱和惩戒

在独生子女的家庭中，可能存在无意识地更关注孩子而忽略老人的情况。在爱的过程中，人的扶弱心理会使得部分家长不自觉的迎合、迁就孩子，这样的迁就所产生的溺爱会使得孩子滋生许多小缺点。如果这些小问题在早期没有得到及时的纠正，那么将会变成大缺点伴随着孩子的一生。

孩子在进入幼儿园后，他们的生活习惯和行为常规的建立养成十分重要。未来孩子往哪个方向发展，走上什么样的人生道路，全靠他的生活习惯和思维来决定。有的孩子在初入园时，会感到无所适从，他们的心理是模糊的，行为是胆怯的，即使孩子在家很淘气或很不听管教，但是在入园初期都表现得都很乖，而这时只要教师进行正确的引导，孩子的早期行为习惯都是可以被改变的，所以在刚入园的阶段，孩子是行为习惯养成的重要时期，家长和教师要抓住这个机会。

例如，班级新来一个从别的幼儿园转来的孩子，因为在之前的幼儿园经常哭闹不止，家长和教师都没有办法，于是家长无奈之下就选择为孩子换一所幼儿园。入园初始，孩子的情绪很不稳定，总是长时间的哭闹，不论教师怎么劝都听不进去话。针对这种情况，教师细心观察后采取了一个方法：因为这个孩子年龄比较小，在第一次正式进入幼儿园的时候，他的情绪一直总是没宣泄到位，结合这一原因，教师与孩子认真地进行了一次沟通，关于他到幼儿园为什么会哭？是不是有什么委屈，或者是由什么伤心的事情所引起的难过？然后教师告诉他，"如果你想哭的时候就哭吧，我不会批评你，只要你想哭，就尽情地发泄出来，我会给你提供空间，将不安、不满、焦虑的情绪完全的发泄出来。"但是同时教师也与孩子做了个约定，那就是如果孩子今天哭了，那么明天就不能哭了。在两个人约定拉钩时教师怀抱着孩子并给他讲了哭对身体的伤害，在其他时间中还会给他微笑温暖的眼神，对他投入的关注更多一些。在孩子情绪稳定的时候邀请他共同完成一些工作，如做值日生，在工作完成时及时给予表扬鼓励，让大家都关注到他的表现。到第二天，孩子入园时，竟然不再哭闹，而且情绪也很好。其实教育孩子并不难，就是这样简单。

当一个孩子性格内向，看上去快乐开心的事情很少，这样的孩子在教育上大多都存在人为的干预。在这样孩子的日常生活中，家长经常性地对其说教，如此一来，不仅使孩子变得脾气暴躁，还会降低他的自信。所以家长要多听孩子的诉求，听听孩子想要做什么，而不是家长要求孩子去做什么。

身为家长，可以用以下的方式鼓励孩子独立：

（1）当让孩子自己做选择时：

"今天咱们去奶奶家还是姥姥家？"

（2）当询问孩子的感受时：

"这个玩具好玩吗？"

（3）当鼓励孩子的求知欲望时：

"能告诉妈妈／爸爸这件事你是怎么想的吗？"

（4）当鼓励孩子遇事可以寻求帮助时：

"宝贝，你可以去问一下卖菜的阿姨。"

（5）当尊重孩子的努力时：

"×××你真厉害。"

二、家长要做孩子的好朋友

最好的教育是培养孩子的自我管理能力，让孩子学会自立思考，作出独立的判断，并作为一个负责的公民，为社会做出自己的贡献。

当孩子任性、耍脾气时，其实也是孩子在与家长进行心理较量的过程。有时孩子也知道自己做的并不对，但出于任性或其他一些什么原因，他会坚持并观察家长的态度及反应，来决定接下来怎么做。如果家长的态度很坚定，孩子就会妥协，否则就会继续坚持。如果在孩子第一次犯小错误时，家长便迁就了他，那么很容易就会助长了孩子缺点的生长。

例如，有一个孩子，只要他想要的玩具，他就说是他的，甚至会用手抢夺，一旦不给就大哭大闹。作为教师，在这时就应该严厉地告诉他，这样做是不对的，讲清楚了就走开，目光也一定离开并且不要关注他，给孩子造成一种这件事过去了的感觉。这时即使孩子哭了，一会儿也就停止了。如果以后再遇到这样的情况，他的表现会好很多，因为他明白哭闹不能解决问题。

虽然犯错即是成长，但不是犯了错，孩子就会自己成长，而是在他们犯错时，家长和教师能正确地纠正孩子的错误，直到帮助他们改正。智慧的发展必然是从具体到抽象，这个过程就是孩子成长的过程。家长、教师在和孩子一起的时候，多对孩子进行鼓励和引导，而不是指责和埋怨，要做孩子的朋友，更要变成朋友中的"领导者"。

三、孩子有情绪时先不要讲道理

我曾经遇到领着一个小孩在路边等人的奶奶，当孩子看见爸爸从远处走过来的一刻竟开始哭闹，并拽着奶奶往爸爸相反的方向走，好像并不想见到自己的爸爸。但是，爸爸还是走到跟前并带走了孩子。而孩子却一直在哭闹，嘴里好像还说着什么，可是爸爸并没有理会，不说话也不看孩子只是牵着孩子往前走，任凭孩子哭闹，他就像没听见一样。我走到他们身边微笑地询问："宝宝为什么哭啊？"
可是爸爸却用一种防备的眼神看了一眼，并没有回应。也许此时这位家长可能认为是孩子不听话，哭一会就没事了，认为孩子的哭是在无理取闹，不需要在意。但往往在这样的情境下，孩子的情绪是不能被忽视的，而在我们的周围，不知道有多少家长在这样做？他们采取听之任之无所谓的态度，冷漠地对待痛苦中的孩子，孩子的行为虽是在痛哭，但内心却是痛苦的。这不是盲目判断下的结论，也不是小题大做，作为成年人的家长和教师，当孩子在你面前哭闹，情绪不稳定的时候，一定是有原因的，而此时这个原因是什么并不重要，谁对谁错也不重要，因为他只是一个小孩子。这时首先要安抚孩子的情绪，孩子是非常需要被关注的，所以家长和教师要对其回应，对孩子表现出尊重和理解，表现出跟孩子沟通的诚意，让孩子感受到——你是爱他、在意他、心疼他的，你不希望看到他伤心。引导孩子说出心中的诉求，并要认真倾听孩子说些什么，然后再就事论事，帮助孩子来判断。沟通过程中要多照顾孩子的情绪，如果做了这些孩子还是哭闹，这时就不用再说了，也不要陪在孩子的身边，在走开前先抱抱孩子，让孩子感受到你的在意和爱。如果不久孩子的情绪有所缓解，那么刚才孩子哭闹的这件事就不要再提起了，要转移话题，如问孩子晚饭想吃什么，想不想出去玩，或是征求一下孩子此时的想法，问孩子想做什么……待孩子情绪缓和后，再跟孩子谈谈这件事，要和孩子用他听得懂的语言进行交流（态度温和就可以了）。最后再把你的看法和希望明确告诉孩子，其实孩子听不懂家长、教师说的道理，他也并不知道自己错在哪里了，但是你的态度和方法会让他去愿意改变自己。

教育属于生活，实施教育要依靠并借助于生活。

但是当一个孩子表现的过于好时，也不要夸他优秀和完美，也许是他有意地想表现自己，他只是想得到家长和教师的认可和偏爱，但是时间久了对孩子的心理健康并不利。有的孩子从小就做得很完美、很优秀，那他是强迫自己承受忍受了许多。

四、尊重与妥协

经常会出现这样的场景：家长带孩子逛商场，孩子看见了喜欢的玩具，爱不释手并央求家长买下来（家里有类似的或是刚给他买了别的玩具），家长拒绝了，但是孩子很想要甚至哭闹。在这种情况下，建议家长还是要慎重地考虑一下孩子的诉求，虽然你认为不需要再买了，但是你不了解孩子此时的心情和想法。所以在孩子非常坚持的时候，家长就不要以成人的优势来压制孩子，如恐吓或是将他拖走，再或是假装离开把孩子自己留在原处等。家长这样处理虽然表现了自己的权威性，但是会伤害孩子的自尊心，会使孩子感到自卑。因为一个玩具而彼此对抗，在家长的角度看来是不想让孩子任性、浪费钱，但事实上孩子甚至不知道"浪费"是什么概念，跟他又有何关系？孩子只会认为家长不在意他。所以家长要细心观察并揣摩孩子的诉求，虽然不能有求必应，但是也不能盲目拒绝。

教育孩子，爱是基础。

在孩子幼儿时期，都曾有很想得到的玩具，或是"坚持"自己的要求。即使家长对孩子表明了拒绝，可是孩子还是一直在坚持想要得到。往往此时孩子更需要家长适当地考虑其诉求，要耐心地和孩子沟通，听听孩子的想法。尝试着换位思考，而不是在孩子面前展示出强势的一面，一味地拒绝，或表现得太过冷漠（即使拒绝是合理的）。如果选择适当的示弱，满足孩子的需求，并且让孩子明白你是在让步。但是即使家长这次让步了，并不表示孩子这次的坚持是对的，而此时家长心平气和地与孩子讲道理，孩子会听得进去，也更有教育意义。当然家长也可以在答应的时候提出一些小条件，如减免其他类似的活动事项或增加小的家务劳动，让孩子自己做选择。事无大小，任何事情本无绝对的对错之分，在教育孩子的问题上也是，家长不能只懂得对孩子讲道理，还要懂得在适当的时候进退，更要让孩子觉得自己被尊重。孩子也会通过这样的经历懂得，家长的妥协并不是因为自己的坚持是正确的，而是家长给予的爱与尊重。

家长和教师在与孩子的相处过程中，需要多注意孩子的行为表现。如儿童多动症的问题其核心症状是注意缺陷，多动和冲动。

第一，存在注意力缺陷的孩子表现为对周围无关有关刺激都没有产生反映，不能过滤无关刺激，常丢三落四，马虎粗心，易犯低级错误，做事拖沓，没有计划性等，上课时注意力不集中，对教师的提问茫然不知，对于感兴趣的游戏电视节目书刊等则能全神贯注或注意力相对集中。

第二，多动的特点是不分场合无目的性，在静止游戏中表现尤为明显，动作杂乱无章，有始无终，缺乏完整性，乱写乱画，招惹是非。

第三，冲动、多动的孩子常对不愉快的刺激反应过度，易兴奋和冲动，不分场合难以自控，甚至伤害他人，缺乏忍耐或等待。

知道事物应该是什么样，说明你是聪明的人，知道事物实际是什么样，说明你是有经验的人，知道怎样使事物变得更好，说明你是有才能的人。

——狄德罗

　　孩子在哭闹时会有强烈的心理表现，如果孩子的诉求和家长的要求冲突，一定要找到原因，家长和老师不能一味地认为孩子不听话和哭闹是因为任性，而忽略孩子的感受。

——杜娟

第二节　人之初性本善

家长管理好自己的行为和情绪，就是在教育孩子。

爱是最好的教育手段之一，爱需要表达。家长每天对孩子的爱要表达并且真诚流露，但是如果说得再好听，语言再华丽，流露的并非是发自内心的爱，是没用的。孩子是有超强感知的，他们能分辨人的心灵是真挚的美，还是伪善的美，因为他们都是来到人间的天使。

幼儿时期的家庭教育与学校教育同等重要，家长是像教师一样的教育者，甚至比教师更重要。每个孩子来到这个世界时，他的智慧就从父母的身上继承下来了。有的家长却忽略家庭教育，而将教育的责任都推向学校，这是极不负责任的表现。

一、教育不能缺少尊重和爱

缺少尊重和爱的教育，不是真正的教育。

有的孩子在玩玩具的时候，绝不允许其他人碰自己的玩具，也不会和小朋友互相一起玩，而实际上并不是他不愿意，而是不会（他不会和小朋友互相分享、合作）。这就需要教师教孩子怎样去做，并对孩子做深层次的指导教育。如果教师缺乏这个能力，只要求孩子玩玩具时不要乱跑，不要大声喊叫互相打闹，或者是有孩子告状谁抢他玩具了，要教师去批评、去帮他把玩具要回来等，这些都错失了教育孩子的最佳的时机。

　　大多数孩子是在早上醒来不久就到幼儿园了，开启一天的学习生活，家长在下午5点左右再来接孩子回家。孩子回到家后，家长要忙着做饭，洗洗涮涮，如果孩子是独生子女，那么大多是自己一个人在那玩，而在没有同伴的情况下，孩子的不良行为和习惯很难表现出来。而在幼儿园期间几乎都是和小朋友一起游戏活动，在活动中孩子自身存在的缺点和小毛病很容易就呈现出来了。如果教师不能及早发现和纠正，或者不重视、不处理，根本意识不到有些不良行为的危害，时间久了，即使是小小的不良行为，也会慢慢地变成坏的行为习惯。

　　有的孩子说出来的话很"成人化"，家长会感到奇怪，因为并没有教过他啊？如果孩子说出与自己年龄不相符的话，身为家长需要注意自己的行为和表达。因为幼儿时期的孩子具有很强的环境感知力和模仿能力，所以家长在教育孩子的过程也是一个自我行为规范的过程。

二、哭是孩子的另一种语言

教育要依附生活环境并考虑生活情节。孩子在哭闹的时候，有强烈的心理表现，如果孩子的诉求和家长的要求产生冲突时，要找到原因，而不是一味地认为只要孩子不听话、哭闹就是因为孩子任性，而忽略孩子的感受。

我曾遇到这样一个案例：一个六岁的男孩被两三个家长一起送到幼儿园，期间这个男孩不停地哭闹，以示拒绝入园，但此时家长并没有安抚或对孩子讲道理，而是用拖拽的方式将孩子带到了幼儿园。家长这样"坚持"的行为是不对的。

遇到这样的情况，家长、教师都应该先平静一下，缓一缓，然后再选择合适的沟通方式进行适当的沟通（这点很重要），可以找一个轻松的话题与孩子建立谈话，进而了解孩子的想法（要感觉到孩子的意愿程度），并要表示出尊重。其实在孩子十分反抗的情况下，家长需要做出适当的退让，先让孩子平复一下情绪，再多问几个"为什么"。当孩子放下戒备，开始与家长沟通时，家长应该站在孩子的角度去思考、理解。并且让孩子知道"去幼儿园"这件事是一件很开心的事，家长的做法是一种对他爱的表现。

三、不良情绪会导致孩子产生坏习惯

教育的艺术不在于传道授业，而在于激励、唤醒和鼓舞。

例如，在幼儿园小班有这样一个孩子，每次做操时教师都带着他站在前排位置。但有几次教师未能亲自带着他时，他就会做出反常的行为，如在操场上乱跑或影响其他孩子做操等。后来经过教师的细心观察，这个孩子的行为实质上是为了得到教师的关注。

所以当孩子做出不同以往的行为时候，先观察孩子的行为，了解了孩子的需求后再对他的问题进行疏导。即使后来再有类似情况发生，孩子也会有接受的能力。

相反，如果教师在孩子扰乱秩序的时候，只是简单地批评几句，孩子还是会一样继续淘气，慢慢他会习惯了这样的"自由"活动，时间一久，便养成了散漫的性格，而到那时再想改变就不是简单的行为问题了。

如果孩子身上有许多难以改变的坏习惯，大多数是因为在开始形成的初期，因为很小的原因，或是对某件事不满而产生的小情绪。而当孩子用反常的行为去"提醒"家长和教师却没被注意时，这样的行为在孩子的心里便成了一种被"认可"，被"允许"的行为，久而久之便成为孩子的习惯了。

　　你的鞭子下有瓦特，你的冷眼里有牛顿，你的嘲笑里有爱迪生。不要忙着赶走他们，不要等到坐火轮，点灯，学微积分才知道他们是你的小学生。

——陶行知

　　家长在管理自己的行为和情绪时，也是在教育孩子。

——杜娟

第三节　教育的环境很重要

　　教育应因势利导，因时利导，因事利导，不同的教育方法必须和准确的时间相结合。因为追求理想是一个人进行自我教育的最初的动力，而没有自我教育就不能想象会有完美的精神生活，教师的作用在于"授人鱼不如授人以渔"，教会学生自己教育自己，这才是一种最高级的技巧和本领。

　　环境因素对于不良行为习惯的形成和改变不容忽视。如果想改变孩子的不良行为习惯，除了考虑教育手段，教育环境也十分重要。环境的变化对孩子的行为修正有一定的心理暗示作用，也会对孩子的教育起到潜移默化的作用，还会对规范孩子行为习惯有很大的帮助。首先家长和教师要成为环境教育的主人，这就要求家长和教师有目的地对环境进行设计，充分发挥不同环境的教育功能，以及对孩子产生的教育效果，以达到好的教育目的。

　　环境是一种教育资源，改变孩子先要改变教育环境。

　　有一年春天，我在路边看见有两块种着玉米的自留地，有一块地里一颗杂草都没有，土壤湿润度也合适，那块地里的玉米长得粗壮整齐；而在另一块地里玉米长得又小又矮，周围满是杂草，土壤很干旱，有的玉米长得还没有杂草高。由此可见，环境的优劣也在影响着玉米的生长，但如果有人能够给另一块地浇浇水或除除草的话，也许它也会长出优质的玉米。因为环境是可以人为地改变的。

一、对孩子要少管多引导

身为教师教育孩子时既要有同情心和同理心，还要懂得"望、闻、问、切"：

望——观察孩子的气色精神；

闻——听家长介绍孩子的情况；

问——和孩子进行交流沟通；

切——与孩子进行肢体上的接触，如拥抱、拉手、摸摸孩子的头发、拍拍肩膀等。

在我的班里曾有一个内向的孩子，每天早上入园时都会很害羞，甚至不敢向教师问好。对于这样的孩子，我以与他约定"暗号"的方式每天问好，即早上到了幼儿园，我们小声"对暗号"，当他开始迎合时，便是逐渐放松下来了。渐渐这个内向的孩子从一开始的羞于问好变成了主动大声向每一位教师和小朋友问好的状态。

例如，当你告诉一个没吃过葡萄的人，葡萄是酸的时候，相信这个人很难理解葡萄到底有多酸，只有当他吃了酸葡萄后，才会明白。教育孩子也是一样的。你跟他讲很多道理，孩子不一定会理解，他听不明白你在讲什么。所以我们只有把孩子带入生活，多让孩子经历感受，让孩子去做去参与，而不是我们说孩子茫然地听和被动地去做。

家长和教师要考虑到孩子的存在感，当有事情发生时，能让孩子自己决定的就尽可能地让孩子自己做决定。即使会"绕弯路"或"走错路"，那也是值得的。因为不绕弯路，孩子也许不会明白，教育的目的是让孩子学会解决问题的方式，而不是让孩子按照家长、教师的指令去做。让孩子自己做决定，会增强孩子的自信和自我肯定，也会锻炼孩子自主思考的能力。而在实施的过程中需要家长和教师的配合和帮助参与，不要怕麻烦，也不要怕孩子摔跤，不摔跤不知道哪里会疼，只有孩子知道疼了，才会在未来因为避免摔跤而少犯错误。所以好的教育是奉送真理，好的家长、教师是能够引导孩子发现真理的。

例如，有一名家长对孩子的照顾事无具细，孩子吃的东西都很注意、很挑剔。家长认为自己是爱孩子、关心孩子，是为孩子负责。可是如果换位思考，站在孩子的角度来看事情是这样吗？未必是。

孩子会感觉自己吃东西不轻松，总是在被允许和不被允许的情况下选择，时间一长，孩子的性格也会变得没有主见和缺乏自信，严重甚至会影响孩子的社交能力。

家长对孩子管得越多越细致，孩子独立解决问题的能力就会越弱，这个问题就是出在"管"上，所以家长对孩子要少管而多帮助，因为管和帮助是不一样的。

有很多家长，对孩子有很多要求，并且将孩子的时间都安排得满满的。而孩子只要按他们的要求去做就可以了，家长也几乎不会考虑孩子的想法或征求孩子的意愿。在这样的亲子关系中，孩子是没有话语权的，即使孩子提出要求也不会被考虑。而家长只是告诉孩子这样的"安排"都是为了他好，等你将来长大就知道了。可往往在这些家长眼中看似琐碎的小事，对孩子可能实则是大事。

管得太多不行，不管呢？当然也不行。这就说到了关键的问题——"帮助"。引导是在尊重孩子的前提下进行的，首先会让孩子体会到被肯定，这样能够增加他的自信心。然后再以提出建议的方式向孩子"推荐"另一种"正确"的选择，在孩子尝试后发现原来家长和教师给予的"建议"更好。在孩子的心里对比和思考的过程中便形成了自我纠错能力，并且只有在孩子的心里充满了爱、自信和阳光，同时也拥有强大的心理，这样成长起来的孩子才会更好地做到——自我纠错。

二、不能采用贬低式的教育

家长和教师不要学着孩子幼稚的口吻与孩子沟通，要用平常诚恳、理智的态度去和孩子交流。

面对孩子，家长和教师决不能采用贬低式的教育，这样会伤害孩子的感情，越来越自卑，自尊心降低，使孩子人际交往的能力受阻，长时间还会产生焦虑、抑郁的情绪。教育孩子不能挖苦打击，要接受孩子的情绪表达，鼓励孩子多倾诉、多沟通，而家长和教师要学会倾听，注意自己说话的时机和方法，并要留意孩子的情绪变化。任何时候情况下都要做到"先爱再管"，因为关心是一个教育孩子的最好手段。

教人者，成人之长，去人之短也。唯尽知己之所短而后能去人
之短，唯不恃己之所长而后能收人之长。

——魏源

请相信孩子，他们是不会让你失望的。

——杜娟

"你们玩了这么久，天气热，不喝水会中暑的！"

话说得越少往往越有效果

沟通时要注意语气

"你看你，整天丢三落四的，每次都要我们提醒你，不是忘这个，就是丢那个，都变成我们去上学了。"

不要用成人的标准去要求孩子

"娟娟你书包的拉链开了。"

用温和的语气指出问题

"你这个小孩子怎么这么讨厌啊？你又不认识我，干吗拽我衣服啊？"

不要评价孩子的人品

用友善的语气进行询问

不要对孩子的行为进行定义

用包容理解的方式与孩子沟通

小贴士

在孩子的眼里，家长的示范作用很强，如果家长在孩子面前玩手机，孩子也会想玩手机；如果家长在孩子面前看书，那孩子也会喜欢读书，家长行为的影响形成孩子初期的行为习惯。培养孩子好的行为习惯就是这样简单，所以家长想要改变孩子的时候，首先要改变自己。

第四章

帮孩子在劳动中实现自我价值

第一节　教育离不开劳动

　　教师在平时组织孩子游戏活动的过程中，每当地上有被丢落的玩具时，会要求孩子只要看见就要拾起来，在谁附近谁就捡起来，鼓励孩子要主动去做，而不是谁掉的谁来捡，更不需要教师嘱咐才拾起地上掉的玩具。这看似是一桩小事，却能培养出孩子的责任感，孩子主动拾起地上别人掉落的玩具，这是孩子对这个班级初期责任感。刚开始孩子可能不知道为什么要让他捡起别人掉的玩具，在通过教师的要求和提示后，只要看到地上有掉落的玩具就会主动去拾起来，这就是孩子责任感形成的一个过程。在教师教孩子如何整理收纳玩具，以及安排孩子定期整理玩具柜里所有玩具等方面，这样一步步引导，慢慢地孩子就会主动关注，自觉地去整理玩具和玩具柜。孩子通过亲力亲为，学会思考还应该做些什么，应该怎样去做会变得的更好。教师这样引导的效果远强于直接地灌输道理，并且培养责任感的形成。所以，责任感对于孩子来说就像是一剂"抗病毒"的"免疫疫苗"，让孩子对不良行为习惯这样的病毒，有了免疫能力，而会本能地拒绝去做。责任感还是孩子行为的指引者，是爱心的增强剂，在责任感背后，是一颗强大的充满爱的灵魂世界。

无论孩子大小，都应该尝试去做力所能及的工作，不只是在幼儿园、学校，还可以在家长或教师的带领下去社区做义工来助人为乐，这些活动都能让孩子体现出自我价值，感知到自身的存在感，还能增强孩子的自信心，培养孩子的责任感。人的责任感是需要后天来培养和感知的，也是通过劳动来培养的。这对于自身的小家和我们的国家都是固本之笔，也是整个民族精神中的精髓之处。我们每个人的素质教育要从小开始，并且越早越好。所以在幼儿园阶段的初始教育是教育中的教育，是基础中的基础。

　　孩子在幼儿园的劳动主要是值日生或者是其他的整理杂物工作。如果一个孩子接受了值日生工作，教师就应帮助孩子坚持完成，不要让孩子经常地变换，而是让孩子坚持某一项工作，并且长时间的坚持做。只有这样，才能锻炼出孩子坚持、执着和办事认真的好习惯，以及不怕困难、克服困难的精神。孩子在工作的初期，好奇的成分较大，会觉得新鲜好玩儿，但是在后期持续坚持的时候，会因为要付出辛苦和损失玩的时间而产生厌烦的情绪。这些都是孩子正常的反应和表现，教师可以适当地引导鼓励孩子克服或忍耐。当孩子长时间坚持某一项工作后，能逐渐体会到劳动带来的成就感，这便是劳动的教育意义。

但是劳动不能只是走形式、搞过场，这样对孩子非但没有好处，反倒会有坏处。家长和教师每次给孩子安排完工作后，如果缺少必要的监管和指导，会使孩子因为年龄小而不明确知道自己在干什么，并且消极地应付了事会潜移默化影响到孩子。人的天性中有着极强的"惰性"。在很小的时候，培养孩子坚苦耐劳诚实善良的品性，这是战胜"惰性"的"武器"。而"惰性"就像是潘多拉魔盒里的魔鬼一样，它一直被囚禁在我们身体里的另一个世界，不能让他大摇大摆地出来呈现自己，而一旦我们的身体放出了这一"惰性"，那便很难再把他关进去了。在家中，家长可以鼓励孩子通过劳动和做决策实现自我角色的认知：

　　（1）给孩子创造劳动的机会：

　　"娟娟，你能把客厅的地面打扫干净吗？"

　　（2）让孩子听到你对他的认可：

　　"娟娟，你上次把客厅地扫得非常干净，还把桌子擦得很干净。"

　　（3）对孩子真诚地表达你的期望：

　　"我希望你今天把这件事做好完成，再出去玩。"

（4）多倾听孩子的想法：

"娟娟，你想去哪里过周末？"

（5）多和孩子聊聊他小时候的趣事：

"娟娟，你还记得小时候，有一次你差点走丢了吗？"

一、引导孩子劳动要递进式进行

家长和教师在安排孩子劳动的时候，除了规避风险注意安全外，首先要考虑孩子的行为能力，应循序渐进地进行。孩子在班级担任帮助教师准备午餐的值日生，从摆碗、分勺、端餐盘开始，教师应先安排能力强的孩子去做，因为孩子学得快对其他的孩子也是有一定的示范作用的。同时教师要规避风险。例如，饭菜温度不能烫到孩子，地面不能滑倒孩子，要求孩子不能跑跳等，并在孩子工作过程中多关注、多鼓励（微笑和充满肯定的眼神就可以），如果孩子做得不对，教师要用充满善意宽容的眼神暗示孩子，表示不要着急，没有关系。孩子会注意到你的眼神，他们都很聪明，心里会想会思考，会快速反省自己刚做的事情，哪里做得不对，并马上改正过来。遇到不明白要求的孩子，只需要继续关注他或是走到他的身边和他一起做，这时一个微笑便是对孩子最有效也是最好的鼓励。可是现在大多数家长和教师每天无数次地口头表扬孩子，"你是最好的""你真棒""宝宝真乖"，这样的表扬是空洞无用的，因为对于孩子来说，这样的表扬孩子已经麻木了，很难再起到任何激励作用。

二、光荣的值日生

成长是一步步走向独立的过程，也是一步步减少依靠的过程。孩子的成长离不开劳动，而孩子的劳动首先要从自我服务开始。自我服务是指孩子具备独立照料自己生活的能力，包括吃喝拉撒睡，洗脸刷牙梳头，正确的如厕，整理自己的物品等，这些即能增强幼儿生活自理能力，还能培养孩子爱劳动的好习惯。

班级值日是每个班级成员应该负起的责任，孩子在幼儿园做值日生，能很好地体现自己是班级的一分子，承担班级劳动是孩子最好的建立自信心的方式。在家里，家长也要安排孩子做一些力所能及的家务劳动，并且不要过于在意地表现出惊喜和不断地夸赞孩子，因为这些都是孩子应该做的。基础性的值日生和家务劳动工作，可以培养孩子的行为思考能力，动手能力，手脑协调能力和自我表现能力。

孩子在当值日生的时候，会产生责任感和荣耀感。自信心会不断的增强，在工作的过程中，通过教师的指导和同学们的互动合作，孩子会在实践中摸索进步，不断提高自己的行为判断能力，对孩子人生观的形成很有帮助，而通过劳动带来的身心体验和成就感，对孩子的成长最有益处，孩子成长进步的会很快。

人非生而知之，孰能无惑？惑而不从师，其为惑也，终不解矣。

——韩愈

孩子越专注工作，越会了解自己，以后做事也会更加认真努力。

——杜娟

第二节　教育如同大海行舟，不进则退

教师不仅要教育孩子还要管理家长，二者同时进行，才能教育好孩子。

有的孩子学习好是他唯一的优点，除了学习，其他什么都不会，平时生活中衣来伸手饭来张口，即使是上大学后，家长还去寝室帮助其打扫卫生，整理寝室。生活中这样的例子不在少数。

教育的过程中如果教师和家长不往前进，孩子就会往后退。如果不及时纠正孩子的缺点，那么他的不良行为就会滋生得越来越多，一个孩子好的行为习惯与不良的行为习惯是成反比的。所以，在孩子的教育成长过程中，如果用了不正确非专业的方法对待，那就会使孩子向着错误的方向越走越远，而影响孩子的未来。

不积跬步，无以至千里。

古人言"三岁之才，百岁之魂"，家长和教师不要只看到孩子年龄小而不去管教或约束，其实他们已经进入了人生发展阶段和重要时期。家长和教师不能只重视分数教育，而忽略了素质教育，分数高的孩子受到表扬，分数低的孩子受到批评。如果一个孩子除了分数以外，心理素质不高，承压能力不高，融入社会能力不强，那

么在他步入社会后，很容易因为不能和谐融入社会，而备受挫折和打击。许多家长也认识到分数并不能代表孩子的能力，而是应该加强对孩子综合素质的培养。那么什么是素质教育呢？

素质教育是培养孩子的社会责任感、学习能力、创新思维能力、积累知识和运用知识的能力、崇高的思想道德素质和爱心。著名的教育家苏霍姆林斯基说过，"不要使掌握知识的过程让孩子们感到厌烦，而要使他们的身心充满欢乐"。也就是说，在教育孩子的过程中，一定要选择适合孩子年龄特点的活动，让他们进行适宜的体验，并且调动孩子积极性，让他们主动去参与并完成。在人类的幼年时期，有许多情感是需要去体验感知的，不是认识到的，光有认识，没有体验，不能产生真挚的情感。

我相信，不论孩子将来从事哪一种事业，都应当从小做起，真不知道有多少父母能够认识到他们给予孩子们所谓的教育，只会迫使子女陷于平庸，剥夺他们创造美好事物的机会。

——邓肯

教师不仅要教育孩子还要管理家长，二者同时进行，才能把孩子教育好。

——杜娟

"你跟我来，我发现一个有趣的东西。"

分享会增强孩子的自我价值感

"嘻嘻，你快看那是什么？"

友谊会增强孩子的自信心·

孩子在劳动的过程中的思考和行动，锻炼了他们的手脑协调能力和解决问题的能力。

孩子在劳动的过程中照顾和关爱他人的行为，促进了他们的心智发展和给予爱的能力。

第五章

礼仪宣示价值观

第一节　孩子身上无小事

虽然孩子年纪小，但是他们身上无小事。

有很多家长在教育孩子的过程中，会把很多重要的事情当成不值一提的小事来处理，家长会认为孩子长大后自然就会懂事了。其实不然。

那么怎样抓住教育孩子的正确机会呢？

答案是，去爱孩子。

大道至简，我们生活中经常有一些看似简单，实际上对孩子是有很重要影响的事情。我经常会听到家长们抱怨"现在孩子不听话啊""管不了啊""太任性了"等，而事实却是有些家长已经管不了一个4、5岁的孩子了，可为什么一个成人管不了一个小孩子呢？有很多的年轻的家长，因为缺乏经验，所以很难看出隐藏在孩子身上的问题，更意识不到问题的严重性。这就需要家长和教师的配合，以及家长和孩子之间的信任。家长对孩子要教在前严在后，要在爱中严厉地管教孩子，家长这样做后，孩子会学会自我约束；反之如果家长对孩子缺少管教，什么事都随着孩子的性情，孩子想怎样就怎样，这样的后果就是孩子会变得任性，家长更难于管教。

对于孩子重要的教育实施者——教师，在孩子面前要面慈并有威严，要是一个有说服力、指引力、行动力的领导者，而不是一个发号指令的成人。如果多于严厉而少于方法和智慧，或是既不严厉又没有方法地管教孩子，那结果对孩子无疑是黑暗的。

礼仪宣示价值观，所以孩子在早期礼仪教育学习阶段，家长和教师一定要教到位、学到位、做到位。

遇到在公共场所大吵大闹的成人，观察他们的不良行为。避免他们成为孩子们的错误示范。而生活中存在许多这样的人为因素，为避免这些不良行为在孩子身上出现，这就需要家长和教师正确地教育。礼仪不仅影响孩子的一生，还影响到每个家庭和整个社会，而个体素质和质量决定了这个社会的走向。

孩子的心像是一个"收纳盒"，环境对他们所有的影响都会转化为情绪被他们照单照收，并且根据自己的思维去理解从而转化成自己的思想和行为，孩子不会像成年人对外界的事务和信息有选择性地接受，接受有益的和摒弃不好的。所以家长和教师对孩子的教育和态度很重要，如果孩子缺点在增加，脾气也变大的时候，就证明你的教育方法存在问题了。

教育离不开学习、训练、惩戒和疼爱。

心理学研究显示，如果父母长期忽视或否定一个孩子，那么在孩子心里会产生困惑或愤怒的情绪，这些负面的情绪会堆积，会让孩子对父母产生敌意，并且抗拒与父母交流，还会经常和父母产生争吵冲突，以抵制家长对他的不尊重。这样久了，孩子会出现恐惧厌恶的心态，无法自然地亲近父母，认为父母不尊重他，他也不会去尊重自己的父母。

　　家长和教师在教育孩子时，要以尊重孩子为前提，这样孩子们也会用你对他的态度和思维对待你，会用成熟的想法思考问题，解决问题的同时也会懂得去尊重他人。如果孩子从小就被家长毫无底线地迁就溺爱，那么孩子很难会理智地成长。在这样孩子的意识里，大家都应该听他的，迁就他都是理所当然的。所以，想让孩子健康快乐地成长，家长和教师就一定要理智面对孩子的教育问题，要脚踏实地实事求是，认真负责，绝不能纵容和溺爱。

　　教师是个神圣的工作，教师怀着一颗智慧的爱心，以生命唤醒生命，以智慧启迪智慧，它是太阳底下最光辉的职业。教育本身这个工作活动，也是个很个性化的事情，每个教师在遵照国家制定的教育大纲和各项规则制度基础上，要充分发挥自己的个性，针对孩子和所处教育环境，个性化地开展教育活动，并在长期的教育活动的过程中，不断地总结经验，不断地思考改进。这样教师才能在日常实践工作中不断成熟，并逐渐形成一套自己的教育方法和理念，以达到更好的教育水平，而不是照搬模仿的统一化教育。

谁爱孩子，孩子就爱谁，只有爱孩子的人，他才能够教育学生

——高尔基

在孩子面前，教师要面慈并有威严，要是一个有说服力、指引力、行动力的领导者，而不只是一个发号指令的成人。

——杜娟

第二节　家长开放日活动——侧记

　　幼儿园会定期组织家长开放日活动，活动的内容是丰富多彩且具有教育意义的，家长要珍惜每次参与活动的机会，教师也要认真用心地组织一些对家长和孩子有益促进亲子关系的互动活动项目。（不建议只是组织一些手工等的简单活动，因为家长在家就可以进行，来幼儿园参加就没有太大的意义了。）所以，教师要用心策划每个活动的主题，以合作互动为主线，通过这些活动，能使孩子与孩子之间，家长与家长之间，家长与教师之间，家长与孩子之间的关系都有益处，都更亲近、友好、紧密、和谐，不仅使大家彼此增进了了解还加深了友谊，教师也可以更好地开展班级工作。在活动的设计方面，应设计孩子与家长共同配合进行活动的环节，调动孩子的主动性，让孩子的主观意识和想法贯穿整个活动，由孩子动手，家长配合完成。尝试由孩子主导活动，家长听从孩子的想法配合孩子，更不能用成人的标准对孩子要求太高，一定要尊重孩子的创意和接受孩子的不完美，这一点是非常重要的。即使孩子动手让作品变得不够漂亮，家长都要给予积极认可，要及时地赞美肯定孩子的参与，要保留自己的意见，不能因为作品的粗糙不漂亮，而自作主张地改动孩子的作品，看似好像没什么，但是这样在无意之中会伤害孩子的自尊心，也会扼杀孩子的天分。家长不要用现在的自己与孩子的现在对比，也许你认为不美的作品，但在孩子眼中却是很漂亮的，很有成就感。如果家长在这时否定了孩子的作品，也就等于是否定了他的自信和能力，其实所有家长与孩子共同进行的活动，都是成人参与孩子的活动，所以家长要区分主次，必须尊重孩子的意愿和想法，要让孩子动手，并且尊重孩子的劳动成果。不能疏忽了参加活动的目的，把自己变成了主导者，而孩子只是在旁边观看或自由活动，完全被忽略了。

　　每个孩子在成长的过程中，伤害会无处不在，而教育就是帮助孩子成长，成熟并不断强大。规避和及时发现不良教育，减少外界对孩子的伤害。在教育中一切都应以教育者的人格为基础。家长和教师一定要重视孩子的思想，不要冷漠或视而不见，家长尤其要在孩子有情绪的时候，及时给予孩子正确的关注、疼爱、这是尊重孩子的表现。

一旦懂得尊重与羞辱的意义之后，尊重与羞辱对于他的心理便是最有力量的一种刺激，如果你能使儿童爱好名誉，惧怕羞辱，你就是他们具备一个真正的原则，这个原则就会永远发生作用。健康之精神寓于健康之身体，凡是身体精神都健康的人就不必再有什么别的奢望了。身体精神有一方面不健康的人，即使得到了别的种种，也是徒然。

——洛克

　　即使教育孩子的方法正确，但如果没有掌握好时间节点，这个教育结果还是会失败的。

——杜娟

第三节　范画的危害

比宇宙更辽阔的是什么？是想象力。

教师在教孩子绘画时尽量少用范画的方式进行教学。

在美术活动课中，有的教师首先画一个范画，然后让孩子照着画，最后讲评一下孩子的作品，这基本就是幼儿园的一节美术活动课，但是这样做的教师是不全面的。

我认为，孩子在学习绘画初期应拒绝范画，因为孩子的想象力丰富，思维活跃，充满了梦幻般的色彩（教师只需提供丰富的绘画材料，加以适当的引导），在孩子想象的世界里是千奇百怪，只有画不出，没有想不到的。如果孩子每次都是按教师的要求照范例绘画，那么，等于让孩子放弃了想象和思维（因为照着画就行了），还会降低孩子的学习兴趣，减少学习的主动性，同时忽略了兴趣是最好的教师。以范画的方式学习绘画既发展不了孩子的创造性思维，也发展不了孩子的抽象思维，也阻断了孩子重要的探索性思维的发展。孩子如果长期这样进行美术活动，对孩子大脑的智力发育是有害的，更达不到教育学习的效果。

而如果不照范画进行绘画，孩子会被迫去思考想象，从想到绘画在纸上，不仅需要发挥孩子的抽象思维，创造性思维也得到了很好锻炼，同时也锻炼了孩子的手脑协调能力、手眼协调能力。在绘画完作品的同时，孩子的情感在绘画的过程中也得到释放发展，还增强了孩子的自信和成就感。孩子会明白通过自己的努力，应该怎么去努力。能得到什么，这些在以后的发展链中一步步深入下去，对孩子的成长好处很多。老话说，心灵手才巧，这锻炼了孩子的动手能力，同时也是给孩子的大脑补充更丰富的外在营养。

家长和教师要多启发孩子的想象力，鼓励孩子大胆想象作画，而不是照搬范画就行。让孩子学会欣赏，欣赏世界名画名作和美丽的插图等优秀的美术作品，鼓励孩子描述自己的观后感，让孩子不仅动手动脑，还动嘴（用自己的语言）描述，这才是最重要的，并且也才会达到最好的教学效果。想象力比知识更重要，因为知识是有限的，而想象力是无限的。

课堂上教师如何管理孩子的注意力？

如果孩子在课堂上注意力不集中，就不能完整地听教师讲课，也就不会掌握本堂课的全部内容，这样久而久之，孩子会跟不上学习，因为不懂、不会，慢慢也就不喜欢学习了。所以专注是一种能力，需要培养学习。

培养专注力方法之一就是营造好的适应氛围，在初期，孩子要学习的时候，家长就不要在旁边唠唠叨叨，不要看电视、玩手机或大声说话，因为这些外在的环境会让孩子不自觉地分散注意力，从而不能专注地去学习，也达不到好的学习效果，无法养成好的学习习惯。

　　第一，要抓住孩子的眼神。

　　教师要与孩子用眼神进行交流，语言要少，语速要慢，即使在维持纪律的情况下，眼神表明了你的态度和立场，你的淡定直接会影响到孩子。

　　第二，要让孩子开心快乐地学。

　　教师要管控好课堂的气氛，在教学活动中可以制造一个小高潮，用来活跃气氛。因为孩子注意力集中时间短，教学活动中会有孩子因溜号而转移注意力，所以教师要根据孩子的年龄特点，结合本节课教学内容制造一些小情节和小花絮，来补充到教学活动中，这样可以把孩子的注意力再次集中，能更好地完成后面的教学活动。

　　第三，上课时间不能过长。

　　根据孩子年龄的特点，即专注的时间有限，注意力集中的时间较短。教师在安排教学活动时间要紧凑，内容要丰富，动静要结合，过程要流畅，这样的教学效果会更好。

第四，因材施教。

教师在教学活动过程中要顾全大局，教师要照顾到每一个孩子，并在具体环节要注意因材施教，关注到个别孩子的需求。在课堂活动结束的收尾部分更是重点，教师不能草草了事，要让孩子感到意犹未尽地充满期待。

教育上的错误比别的错误更不可轻犯，教育上的错误正和错配了药一样，第一次弄错了，绝不能借第二次，第三次去补救，他们的影响是终身洗刷不掉的。

——洛克

矫正孩子的缺点就像是爬山，要不懈地坚持才能见效。

——杜娟

第四节　孩子从小学习绘画的好处

　　学习绘画，会让孩子的思维更强，养成喜欢动脑的好习惯，可以使孩子的大脑得到更好的发展，对孩子的成长非常有好处。绘画是孩子观察世界最直接的方式，而不仅仅是一项技能。因为孩子在绘画的过程中，注意力会非常集中，孩子通过自己的脑路，运用手脑协调能力，将自己观察的、想象的、不具象的事物表现出来，在投入绘画的过程中，还提高了创造力、注意力和想象力。绘画本身的整个过程也是一个人审美观的形成和学习表达自己情感的过程。总之，喜爱画画的孩子更会善于思考，更喜欢动脑。

　　河流之所以能够到达目的地，是因为它懂得怎样避开障碍。

——佚名

　　家长可以适当地在孩子面前妥协示弱，主动寻求孩子的认同保护。

——杜娟

小·贴·士

早入园不迟到，见到教师先鞠躬再问声好，小朋友也要问声好。离园时互道别，先教师后同学，见到爸妈也要拥个抱再问声好。学习时要坐好，不溜号认真听，多动脑勤思考，回答问题举起手，声音响亮字清晰。

教师讲认真听，不打断是尊重，遇到问题不要急，先思考再回答，不明白反复问。户外活动做游戏，与教师不远离，不打不闹守规则，讲秩序，互相配合做游戏。

公共场所有礼貌，不喧闹，说话时候声音小，互相礼让不打扰。

第六章

新入园注意事项

第一节　入园初期注意事项

大部分孩子在新入园的初期都会出现暂时性的免疫低下，身体会经常爱生病，总结有以下几种原因。

第一，由于是新生，入园后孩子与父母分离会产生焦虑不安的情绪，表现为哭喊发脾气，这时孩子由于嘶声哭闹可能会出现嗓子发炎症状，家长应预防孩子上呼吸道感染方面的疾病。

第二，由于肝火大，孩子的脾气会暴躁，这样也会影响食欲，导致孩子胃口不好，营养成分摄入不充分，降低了自身免疫功能，这时一些传染性疾病可能会乘虚而入。

第三，新入园孩子的自理能力较弱。在家里，家长对孩子照顾得十分周全，孩子基本上是衣来伸手，饭来张口，所以当孩子突然离开亲人来到一个陌生的环境，陌生的教师，还有同样陌生的小朋友，他们心里会有很大的落差，会感到手足无措，持续这样的状态也会使孩子免疫力降低，身体突然生病发烧。

第四，部分孩子有吃饭挑食的习惯，虽然适应幼儿园生活，但是由于挑食会影响营养吸收导致身体会变得很虚弱，就会很容易生病。

面对这些问题家长首先要坚强自己，入园是大多数孩子成长要经历的一个过程，虽然症状各不相同，而等他们真正适应了环境，这就证明孩子又长大了。所以家长千万不要因为以上情况而焦虑不安（请相信孩子）。生活中，家长可以对孩子更宽容、耐心一些，多给孩子吃些清火蔬菜，忌辛辣油腻高热量食物，同时多喝白开水，多进食水果，帮助消化，缓解上火，而且要保证孩子充足的睡眠。

　　播种一个行为，收获一个习惯，播种一种性格，收获一种人生，这就是习惯决定性格，性格决定命运。习惯是人们经过反复操作而形成的行为特征，良好的行为习惯一旦养成，它会变成孩子前进中巨大的内在力量，推动孩子前进，会让孩子终身受益。培养人就是培养其对前途的希望。

奉劝年轻的教师，不要急于处罚学生，要好好想一想，是什么促使他犯这种或那种过失的。要是设身处地为孩子们想一想，那么就可以相信他们会通过自身的努力来改正错误的。体罚是权威制度的残余，在时代的意义上说它已成为死去的东西，它非但不足以使儿童改善行为，相反的，它会将儿童挤下黑暗的深渊。

——苏霍姆林斯基

　　如果不能简单地快乐，那便失去了快乐的能力。

——杜娟

第二节　挑食与情绪有关

　　例如，每天到了用餐环节教师会说："小朋友请用餐！"大家都拿起餐具进餐，有一名新入幼儿园的4岁男孩却不动，而每次教师单独跟他说"××小朋友，请你用餐"。他才会开始吃饭，而且不挑食。如果教师不单独告诉他吃饭，他就会一直坐着不吃饭，只是在那看着其他小朋友吃饭。针对这种情况，教师编了一个《看谁吃饭快》的游戏和他玩，两人一人一个餐盘，里面摆上玩具当食物，当听到教师说，"小朋友请用餐"这句话时，看谁最快先拿到勺子吃饭。孩子很喜欢这个游戏，每次都是他先拿到餐具吃饭。这样单独游戏几次后孩子有了改变，在正常的进餐时间，著者会单独暗示他，他会感觉还是游戏一样，快速拿起餐具进餐，就这样不知不觉中和其他孩子一样，听到教师说"小朋友请用餐"时，就主动进餐了。

　　新入幼儿园孩子出现进餐时不吃或是挑食的原因主要有以下四点。

　　第一，有的孩子是因为上火，没有食欲可能不吃饭。

　　第二，有的孩子是因为个性的原因，故意不吃饭或少吃。

　　第三，有的孩子是因为进餐环境的改变而少吃或不吃饭。

第四，有的孩子是因为不好意思而拒绝在幼儿园吃饭（这点跟家长对孩子平时约束太多有关）。

那么孩子用餐中挑食该如何解决呢？

例如，有一个孩子吃包子时不吃皮，只吃馅，其实这个挑食还是比较容易纠正的。针对这种情况，教师要求孩子包子皮和馅一起吃，先只要求孩子吃一口，观察孩子的表现，如果发现孩子感到为难，就及时停止要求，马上和孩子聊一些他的这个年龄段喜欢的话题，稍后再提醒孩子把剩余饭菜吃完，哪怕只是完整的吃了一小口，那也是改变。这样循序渐进地进行，孩子才不会有负担，也就改掉了这个坏习惯。家长在做这些的时候切忌唠叨、说教、讲道理，一定要在安静轻松的氛围内，不知不觉中去引导孩子。

还有的孩子吃饭爱吃白米饭，却什么菜都不吃。挑食是因为对有些菜的颜色和口感或是味道敏感，又因为总不吃，所以吃进去会有不适等反应。针对这样的情况，每当孩子吃饭的时候，教师会把孩子的饭菜稍微拌一下，如果孩子没动，可以尝试轻声跟他沟通，然后主动帮他把菜挑一些，并劝他尝一尝再主动喂他吃几口，与他聊聊别的话题，转移他的注意力，这样他就会暂时忽略吃的食物，而这时吃的饭里一定要有菜，要饭菜同食。

家长和教师不要着急一次就能够改变孩子，要有耐心，只要孩子有一点进步，就及时给予表扬鼓励，待他们逐渐熟悉接受后，自然就不再挑食了。

在大多数情况下，孩子挑食都是外因引起的，往往大部分是由家长造成的。改变挑食这一缺点，要在孩子越小的时候纠正越好。一旦家长默认迁就孩子挑食的坏毛病，时间越长越难纠正，严重甚至可能会伴随孩子一生。

想要纠正孩子挑食的习惯，需要让孩子感受到这个习惯对他会产生不良的影响，而不是在孩子进餐过程中，有不吃的食物非要孩子吃。一定让孩子在一个轻松愉快的环境中进餐，家长和教师可以采取迂回战术，以先退后进的方法，不要引起孩子的注意，每次劝他少吃一点点，或是改变这种食物的做法等。总之只要有了第一口就会有第二口，慢慢孩子就会接受，从而改变挑食习惯，不挑食了孩子吸收的食物营养更全面，身体自然会更健康。

初期的教育是一种娱乐，这样才更容易发现一个人天生的爱好。

——柏拉图

想要纠正孩子的错误，要让孩子感受到这个错误会对他产生不良影响。

——杜娟

第三节 孩子入园之前养成如厕习惯

宽松式教育或许更适合孩子的成长。

有的孩子在幼儿园时正常吃饭喝水，却抗拒如厕，总是要教师一遍一遍地提醒，不叫就不去，有时问他有没有，他还会憋着说没有，可是只要教师坚持领他去卫生间，一到卫生间马上就尿了（因为已经要憋不住了）。所以，关于如厕这件事需要教师有较高的耐心、爱心和责任心。即使孩子尿裤子了，也不要批评孩子，要多关心爱护他们，孩子在你的帮助过后会有所改变，逐渐地适应在幼儿园里的生活，从而减少尿裤子或憋便现象的发生。

有的新入园的孩子不愿意在幼儿园里如厕，就是会憋尿或是憋大便，而这样对孩子的身体很不好。因为孩子年龄的特点，孩子的膀胱还没有完全发育好，经常憋尿会引起注意力不集中，导致泌尿系统感染，胃肠功能紊乱，最严重时还会引起膀胱破裂。憋大便也一样，大便是人体内的废弃物，其中含有大量的细菌和毒素，积存在肠道的粪便会随着水分不断被吸收而变得越发干硬，导致排便费力。有害物质还会扩散进入人的中枢神经系统，干扰大脑功能，突出表现是记忆力下降，注意力分散，思维迟钝等。孩子每天早上来到幼儿园，晚上回家，如果憋不住就会尿、拉在裤子里（在幼儿园这种现象很普遍），即使憋尿憋便这样很难受，有的孩子也不会告诉教师去卫生间如厕。这样的孩子，他们胆小和新生居多，有的个别孩子基本没有过在外大便的时候（家长要适当制造机会，让幼儿在外有如厕经历），另外家长对孩子也缺乏这方面的教育引导，所以在幼儿园里，这就需要教师及时发现分辨情况，及时帮助孩子。

教育的本质意味着：一棵树摇动一棵树，一朵云推动一朵云，一个灵魂唤醒一个灵魂。

当在学校所学的一切全都忘记之后，还剩下来的才是教育。

——爱因斯坦

教育离不开疼爱、学习、训练和惩戒。孩子的成长只有一次，过程不能重来。

——杜娟

你连续做值日生已经一星期了，这叫做"坚持"。

表扬孩子要直接明了

你说出去玩一个小时，准时回来了，这叫做"守时"。

肯定孩子的行为

鼓励孩子去爱护小动物

朋友有困难你主动关心他，这叫做"帮助"。

引导孩子乐于助人

小·贴士

不要让孩子有太强的优越感，这样会滋生恶习，但是应当有适当幸福感与话语权，否则孩子会感到自卑，对身心发展不利。家长和教师掌握好"度"很关键（这"度"就像医生给病人治病的方法和药量），这是教育的重要性。

后　记

　　《犯错即是成长》从开始着手准备、创作，到完成历时 4 年。这是我的一个愿望，也是多年来心里想做却一直未能做成的事情。

　　书中的文字是我在三十余年从事一线幼儿教育的工作中积累的经验，以及自己对教育的一些想法，每一字、每一句仅代表着我个人对孩子成长初期存在的诸多问题的看法和解决思路。书中的插画是我和我的朋友一朵共同完成的，愿能为文字增添一丝趣味。

　　哈尔滨工程大学出版社的编辑田雨虹老师在本书的编辑出版过程中给予了大力的帮助，李雪峰老师在短视频制作方面提供了技术支持，刘梦瑶老师对封面设计提供了指导，在此表示衷心的感谢。

　　希望本书能为家长和教师朋友们提供一些帮助！

杜娟

2023 年 12 月